「自分で考える力」を
無理なく育む

子どもと大人の「共育」論

森田昭仁

クロスメディア・パブリッシング

はじめに

子育ては、楽しいですか？

この本を手に取ってくださったかたは、子どもの育てかたについてなんらかの心配や不安があるのではないかと思います。

「いまの育てかたでいいのかな？」
「自分は間違っているのではないか？」
「怒りたくないのに、また子どもに対して怒ってしまった……」
日々子どもと接するなかで、そんなふうに悩んでいるかたもいるでしょう。

そんなみなさんに、私がまずお伝えしたいこと。
それは、「**あなたは間違っていない**」ということです。

第一子が生まれたばかりの母親と父親はみな初心者で、だれもが最適な育児方法を手探りで模索しながら子育てをすることになります。だから、迷って当然なのです。

子どもをどのように育てるべきか、どのように能力を育ててゆくべきか。その答えは、あなたがその子に向き合うことでしか導き出せません。とくに子どもが小さいうちは、**親であるあなたが子どもと真剣に向き合う姿勢を持っていることが、子どもの秘められた能力を引き出すために最も大切なこと**だと考えています。

子育ての方法は、学校では教えてくれるものではないし、社会に出たら経験できるというものでもありません。たいした準備もなくいきなり本番を実践しなければならないのが、育児です。

子どもをひとり育てるにあたっては、多岐にわたる知識を要します。教育の知識に医療の情報、お金のことなど、親になったとたんにさまざまな知識を駆使しなければなりませんが、ただでさえ慣れない育児に忙しい身では、習得する時間がなかなかありません。結果として、「子どもによりよく育ってほしい」という思いはあっても、満足にできずにひとりで思い悩むかたが非常に多いように思います。

そのような環境のもとで、母親が自分なりの正解を求めて日々頑張っているのに、そもそも**日本の子育て環境そのものが母親を追い詰めやすい**という実情があります。

日本には、「子育ては母親がするもの」という偏見が古今東西根付いています。くわえて、「忍耐」や「辛抱」が美徳とされてきた独自の文化的背景もあり、「母親は多少苦しくても頑張るべき」といったような根性論が根深く存在しています。そのような社会の雰囲気を感じ取った母親たちは、「こうあるべき」という根拠のない思い込みにとらわれ、ますます疲弊して苦しくなってしまうのです。

しかし**本来、育児は楽しいもの**なのです。かわいい子どもを授かり、子どもが成長していく姿を見ることは、親としてかけがえのない喜びであるはずなのに、そうした喜びを感じられず、目の前の育児に悩み、苦しんでいるかたがいるということを、とても悲痛なことだと受け止めています。

子育てというのは、とてもクリエイティブで、試行錯誤を要する営みです。ひとりとして同じ子どもはおらず、「正解」はありません。

私は保育園経営者として、これまでたくさんの子どもと親を見てきました。そのなかで、どうすれば母親たちの苦しみを軽くできるだろうか、父親がいかに育児参加しやすい環境をつくれるだろうか、子どもたちがこれからの社会を幸せに生きていくための力をどうしたら育めるか、その答えをずっと追い求めてきました。そして、この問題について考えるうちに、子どもが1日の大半を過ごす保育園という世界に、その最大の理解者であるべき保育士を苦しめる独特の問題があることにも気がつきました。

子どもを取り巻く大人たち自身がストレスを感じていると、子どもたちにも悪影響を与えます。子どもたちをよりよく育てるにはどうすべきか、その問いを考えるにあたっては、まず子どもたちに関わる大人がどのような問題を抱えているかを突き止めなければなりません。それを解決することが、ひいては子どもたちが幸せに生きていくことに繋がるのです。

子どもと関わるなかで悩んでいるかた、苦しんでいるかたのストレスを少しでも減らすお手伝いをしたいと考え、私は本書の執筆を決めました。

子どもの「自己肯定感」を高める驚きの工夫とは？

少し話は変わりますが、私が保育について衝撃を受けた話をしましょう。

アメリカに移住して2年が経った2014年ころのことです。当時2歳の息子を現地のプリスクールに入れました。

当時の息子は、日本語ではある程度コミュニケーションをとることができていましたが、英語はまったく話すことができない状態でした。それまでは母親と父親、周りの友達と過ごしてきた日常は一変し、突然「プリスクール」という新しい社会環境に投げ込まれました。

日本でも、初めて幼稚園や保育園に通う子どもは、その環境の変化に戸惑い泣きじゃくる場合もありますが、異国の地で外国語しか話さない人に囲まれた息子は、その突然の変化にただただ戸惑い、ずっと泣きじゃくっていました。

アメリカ人の保育士たちからすれば、泣いてばかりいるアジア人の男児を扱いづらく感じたかもしれません。しかし実際は、そんな息子に対して先生たちは、言葉が通じないにもかかわらず、身振り手振りを交えてひたすら話しかけたのです。それも、「泣くのをやめなさい」「こっちにおいで」と一方的に言い聞かせるのではなく、息子の感情を優先して、ゆっくりと待って落ち着いた様子で対話を試みていました。「言葉の通じない子ども」としてではなく、幼い2歳の子どもをひとりの人間と捉えて接し、信頼関係を築こうとしてくれたのです。

ある日、その保育園で食後の歯磨きをしている様子を見ました。

驚いたのは、歯磨きの順番です。日本では「仕上げはお母さん」という有名なフレーズがありますが、子どもが磨いてから親が仕上げをするというのが一般的です。しかしその園では、先生が磨いたあとに子どもが磨くという順番でした。

私は、なぜ大人が磨いたあとに子どもが磨くのか、仕上げとして最後に大人が磨くべきではないのか、先生に尋ねました。すると、こんな答えが返ってきたのです。

「大人が先に磨こうがあとに磨こうが、順番はそんなに重要ではないの。大人が歯を磨けば、歯はきれいになるのだから。けれど、子どもが歯磨きをしたあとに大人が磨き直すということは、子どもの行動を否定することになる。大人にそんな意識はなくても、『あなたは未熟で、しっかり歯磨きできないのだから、ママが仕上げをしないとダメなのよ』と暗に言っているのと同じこと。

でも、子ども自身が最後に磨くことで、彼らは『自分で歯を磨いた』という成功体験を積むことができる。小さな成功体験かもしれないけれど、1日2回歯磨きをするとしたら、1年間で700回以上の成功体験を積むことになるわ。小さくても、こうした成功体験の回数を重ねることで、子どもの自己肯定感に繋がるのよ」

私は驚嘆しました。それまでは、「歯磨きの仕上げは大人がするもの」という思い込みがありましたが、そうした根拠のない思い込みのために、子どもが自己肯定感を高める機会を奪っていたのかもしれない。歯磨きの順番が違うだけで、かたや700回以上の「自己否定」をされた子がいれば、かたや700回以上の成功体験を積んで「自己肯定感」を育む子がいる。両者にいったいどれほど差がつくのでしょう？

レッジョ・エミリア・アプローチとの出合い

その後しばらくして私たち一家は日本に帰国し、息子は日本の保育園に転入しました。しかし私は、アメリカの保育園で受けた衝撃の数々が頭から離れず、保育とはどうあるべきか、ひいては大人は子どもにどう向き合うべきかという根源的な問いを模索しつづけました。

ちょうどそのころ、アメリカで保育関係の仕事をしていたアメリカ人と知り合い、彼と話すうちに息子がアメリカで通っていた保育園が採用していた保育メソッドが、「レッジョ・エミリア・アプローチ」であることを知ったのです。

レッジョ・エミリア・アプローチというのは、イタリアのレッジョ・エミリアという街で生まれた幼児教育のアプローチです。Googleやディズニーなどの世界的な大企業が会社併設の保育所で採用していることでも知られ、大きな注目を集めています。
私は独自にそのアプローチを調べはじめました。そして知れば知るほど、この保育メソッドがこれからの世界を生きてゆく子どもたちにとって必要なものであるという確信を得たのです。

当時の日本でレッジョ・エミリア・アプローチを採用している保育園は、ほとんどありませんでした。「ないなら、つくろう」――そう考えて、２０１７年にインターナショナル・プリスクールとして「ミントリーフ・インターナショナル・プリスクール」を開きました。
そして、レッジョ・エミリア・アプローチを日本で実践するために、先のアメリカ人の友人に相談したところ、彼がアメリカで幼児教育と多言語教育の修士号を取得して、レッジョ・エミリア教育を10年以上実践し、先生を教えるトレーナーとしている人間だということがわかったのです。そこで、彼と一緒にレッジョ・エミリア・アプローチに日本の文化と風土をアレンジさせた独自メソッド「ミントリーフ・メソッド」という教育アプローチを編み出しました。

いま、世界では「非認知能力」が注目されています。非認知能力とは、数値では測ることのできない「創造力」や「批判的思考力」などを含む能力の総称ですが、これはすなわち「**自分でものごとの対処法を考え、実現に向かって行動できる力**」といえます。AIが広がってゆくこれからの世界、人間に必要となるのはこの非認知能力だとして、保育者や親のなかにも関心を寄せる人は少なくありませんが、非認知能力を身につけさせるにはどうしたらよいのかは、案外知られていないのです。

ミントリーフ・メソッドの最大の特徴は、**子どもの非認知能力を引き出すだけでなく、親の「考える力」をも育む**という点にあります。子どもを育てる過程で、親自身も成長していくメソッドなのです。

繰り返しますが、**先行きの不透明でなにが起こるかわからないこれからの社会を生き抜くためには、「非認知能力」――すなわち「考える力」が必要不可欠**です。親自身にもその力があれば、育児の過程でこれまで体験したことのない事態に直面しても、「どのように子どもと向き合うべきか」を自分で考えることができます。そうすれば、「こうしなければならない」という社会からの強迫的なプレッシャーに負けることなく、のびのびと子育てできるようになるでしょう。

もはや、大人が子どもに一方的に「教育（教えて育てる）」する時代は終わりました。これからは、大人が子どもと「共育（共に育つ）」する時代なのです。**ミントリーフ・メソッドは、子どもと大人が一緒に成長していく「共育」を実現できるメソッド**だといえます。

本書では、子どもと大人の「考える力」を伸ばすためのさまざまなアプローチをご紹介していますが、それは必ずしもあなたにとっての「最適解」ではないかもしれません。子育ての方法は、人によって合う・合わないがあり、時代によっても大きく異なります。「幸せに生きてゆくために必要な能力」が、時代によって変わる以上、それを育む教育方法もまた、時代にとともにアップデートされるべきだからです。

本書で紹介したメソッドも、いつか「時代に合わない」と判断されるときがくるでしょう。しかし、その時代独自の状況から、子どもたちにとってどのようなアプローチが最適なのかを常に考え、模索しつづけることが重要であり、この点でも「考える力」が大きく問われているのです。

本書をお読みいただいた読者のみなさんが、「子どもとどのように向き合うべきか」「子どもにどのようにアプローチすべきか」を自分で考える力を得ること。そして、自分だけの「最適解」を見つけられること。そして、子育てに行き詰まって苦しむみなさんの現状を打破するヒントとなり、「子育てが楽しい！」という思いを取り戻すきっかけとなることに繋がれば、著者としてこれ以上の喜びはありません。

目次

2章 アクティブ・ラーニングで「非認知能力」を高める

3章

「自分で考える力」を無理なく伸ばすレッジョ・エミリア・アプローチとミントリーフ・メソッドの秘密

4章

「子どもと大人が笑顔で過ごせる育児・保育環境」を目指して

1章

「子どもたちが大人になった世界」から現代の育児・保育・教育を考えると？

現在の子どもたちが大人になる2035年の世界は？

どんな能力を伸ばしてあげれば、子どもたちの役に立つのか？

現在、幼稚園や保育園に通っている子どもたちが大人になる20年後、社会はいったいどうなっているのか——そう考えたことはありますか？

「10年後すら予測できないのに、20年後なんて想像できるわけがない」——このように考えるかたも多いでしょう。現代は、世の中が加速度的に変化しつづける時代です。実際にこの20年の間でも、社会の仕組みやテクノロジーは劇的に変わりました。そんな状態では、未来を予測するというのは、非常に難しいことかもしれません。

しかし、**子どもをどのように教育すべきかを考えるうえでは、子どもが将来生きる社会がどのようなものなのか、それをまず考えることが重要**です。子どもたちが将来生きてゆく社会においては、はたしてどのような能力が求められるのか。逆にいえば、どんな能力を伸ばしてあげれば、彼らの将来の役に立つのか。その視点が、乳幼児教育においては不可欠なのです。

この考えかたは、保育士や幼稚園の先生のみならず、保護者にも必要なものです。「この子が将来、自分の力で幸せに生きてゆくためには、どんな能力を伸ばしてやればいいのか」――そう考えると、子どもの教育においてなにを重視すべきかがおのずと見えてくるはずですが、そもそも、社会の「未来図」をどう描けばよいのでしょうか。

そこで、２０１６年に厚生労働省より発表された「働き方の未来２０３５」というレポートをもとに、現在の子どもたちが大人になったときの社会を、具体的に想像してみましょう。

人間とＡＩが共存し、仕事を分担する時代へ

２０２１年現在でも、日本における少子高齢化やそれに伴う労働力不足が問題視されていますが、２０３５年にはその流れがさらに加速し、ますます深刻化することが容易に予測されます。

世界的に見れば、世界の人口は２０１５年には約73億人でしたが、２０３５年には約85億人に達すると試算されています。そんななかで、日本の人口は１・27億人から

1・12億人へ減少し、高齢化率は26・7%から33・4%まで拡大。女性や高齢者の活躍、外国人人材の受け入れなど、新たな労働人口の活躍は期待されますが、多くの業界で人材不足が深刻化し、業務の効率化や省力化が進むでしょう。

少子高齢化のほか、日本の社会を変える大きな要素として、「技術革新」という側面があります。

たとえば、近年の携帯電話の進化たるや目覚ましいものがあり、通信速度は1985年からの30年間で約1万倍も向上しました。このペースでいけば、2035年には、さらに高速のモバイル通信に接続できることでしょう。携帯電話のみならず、センサーやVR(仮想現実)、自動運転などの移動技術、AI(人工知能)など、さまざまな技術が急速に進化してゆくことは明らかです。

このような少子高齢化と技術革新が進んだ未来の社会では、人間の生活じたいも大きく変わりますが、そのなかでまず着目すべきは、仕事の変化です。

少子高齢化が進む以上、どの業界でも労働人口の確保は喫緊の課題です。実際に現在でも、各業界でICT(情報通信技術)やAIを積極的に活用して業務の効率化を図り、人手不足を解消しようとするむきが高まっています。すなわち、「機械が得意な仕事は、機械にさせればよい」という考えかたで、これまで人間が行なってきた仕事をどんどん機械にまかせるようになっています。

たとえば、データや数値を扱う計算・計測などの仕事は、AIが得意とするものの一つです。ほか、単純な事務作業などの定型的な業務の正確性やスピードについても、人間はAIにはなかなか及びません。

そうした社会において人間は、AIが処理した仕事を評価したり、AIが処理した情報をもとに最終判断をしたりすることが求められます。

「人間にしかできない仕事」を考える

すなわち、人間には「人間にしかできない仕事」が残されるわけですが、それはなにか。それは「**定型化できない仕事**」と「**人間が対応することに価値がある仕事**」です。

まず、「定型化できない仕事」とはなんでしょうか。

私はよく、「仕事」と「作業」を分けて考えます。定型化できる仕事、たとえば一定のルールに則ってモノを仕分けするような仕事は、「作業」の代表例ですが、このような作業は機械に代替されやすく、ゆくゆく人間の仕事でなくなる可能性はとても高いでしょう。一方で、「仕事」とは、もっとクリエイティブな要素を含みます。

たとえば、新しいアイデアを考えることも、その一つです。AIは、大量のデータから傾向を分析するのは得意ですが、あるアイデアがおもしろいか、価値のあるものかを判断することはできません。それができるのは、人間だけの強みです。

くわえて、サービス業のなかで「人間が対応することに価値がある仕事」も、AIに代替されにくい仕事といえます。

もちろん、サービス業もいまではAIによるセルフレジや、問い合わせに自動的に応答してくれるチャットボットなどが広がりつつあります。とくにコロナ禍において「非接触」が推奨される現代では、サービス業でAIを活用する効果は大きいといえるでしょう。

AIが代わることができないサービス業とは、たとえば保育士や介護士といった人間性や人間ならではの判断力を要する仕事です。AIが保育士や介護士の一部の仕事を代替することはあっても、完全に取って代わることはできないでしょう。

また、極上のおもてなしを提供する高級旅館や、細やかなサービスが求められる高級レストランでの接客業務も同じです。これらの業務は、人間が判断し、対応することが求められます。

その意味で、サービス業はこれから二極化していくことが考えられます。接客業のなかでも低価格帯のサービスは、コストや効率の面から機械に代替されてゆく可能性は極めて高いですが、高価格帯のそのようなサービスは、今後も人間の仕事として残るでしょう。

一方で、新しく生まれる仕事もあります。

たとえば、いまでこそ当たり前となったＹｏｕＴｕｂｅでの動画配信を生業とするユーチューバーや、Ｕｂｅｒ Ｅａｔｓなどのフードデリバリーサービスの配達員などは、数十年前には存在していなかった仕事です。

20年後には、私たちがまったく予想もしていないような仕事が生まれているでしょう。

そうした社会において、いまの子どもたちは「機械を使う側」——すなわち、定型化できないクリエイティブな仕事や、テクノロジーの進歩や社会変化によって生まれた新たな仕事で活躍しなければなりません。

AI時代に、人間に求められる能力は？

ＡＩやロボットと共存する時代、機械が定型化された仕事を担う社会において、人間に期待されるのは、「人間らしさ」です。

繰り返しますが、人の気持ちを汲み取ったり、新たなアイデアを発想したりといった業務は、機械が代わることはできません。具体的な仕事でいえば、「経営」や「企画」

といった分野は、人間にしかできないことです。すなわち、未来の社会において、人間は、創造力や対人能力、判断力が必要となるわけですが、このような「人間らしさ」や「創造性」というものは、机の上で勉強して身につくものではありません。

コミュニケーション能力や主体性、問題解決能力といった、数値化できない人間的な能力のことを総称して、「非認知能力」といいます。一方で、「漢字が書ける」「足し算・引き算ができる」といったように、点数で評価できる能力のことを、「認知能力」といいますが、創造性などの「人間らしさ」をかたちづくる能力は、「非認知能力」に分類されます。

つまり、**将来的に機械と共存しながら活躍できる人になるには、非認知能力を高める必要がある**のです。

「複業」が当たり前の働きかたになる

同レポートによると、人間の仕事の内容が変わっていくように、働きかたも変わっていくことが予測されています。

現在では、一つの会社に就職して、朝9時から夕方5時まで決められた時間内で働き、定年まで勤めあげるという働きかたが一般的です。しかし今後は、こうした働きかたは稀なケースになるでしょう。

近年では、「働き方改革」の波もあって、副業が推進されています。コロナショックの影響もあって、本業とは別の仕事をするというワークスタイルを選択する人も急増していますが、20年後には**複数の仕事を並列して抱えるような「複業」が主流になる**ことが推測されます。

いまでいうフリーランスの人の働きかたは、「複業」といえるかもしれません。たとえば、A社、B社、C社という複数の企業に在籍しながら、A社とC社のプロジェクトを同時に進める。A社のプロジェクトが終わればチームを解散して、次はB社のプロジェクトに参加する――このように、「複業」とは「一つの企業への在籍」を前提としない働きかたであり、**「個人」に仕事を割り当てるという考えかたではなく、「一つの仕事」に最適な人間を割り当てる**という考えかたにもとづいています。

実際に欧米では、この複業方式は、すでに「ジョブ型」として広く採用されています。対する日本では、現在は人に対して仕事を割り当てる「メンバーシップ型」が主流ですが、ますます「ジョブ型」にシフトするようになるでしょう。「ジョブ型」というのは、個人の能力に応じてより広い活躍の場が与えられるワークスタイルであるともいえます。

このような「複業」「ジョブ型」といった働きかたが主流になるのであれば、働き手には、業務として「与えられた仕事を遂行する」のではなく、「専門的な能力を発揮する」ことが求められます。

たとえば、新商品を開発するプロジェクトであれば、そのプロジェクトには「商品企画のプロ」「開発のプロ」「販売やマーケティングのプロ」といったように、それぞれの分野に卓越した専門的なスキルを備えたメンバーを起用する必要があります。現代の日本では、ある程度のレベルでなんでもできる「ジェネラリスト」が偏重される傾向が強いですが、これからの時代においては、そうした人材が活躍できない社会になってゆくのです。

「どこで働いているか」よりも「なにができるか」が問われる

日本では、長らく終身雇用制度が定着しています。この制度をベースとする企業で育てているのは、いわば「その企業のプロ」です。

はじめは営業部で経験を積み、数年後には商品企画部に異動して、宣伝部や人事部、総務部にも異動して……というのがありがちなコースですが、これはその企業ならではの「仕事のやりかた」や「常識」を学ばせるためのプロセスともいえます。

「特定の企業のプロ」になって、その組織で出世して定年まで勤めあげるなら、こうした働きかたがベストかもしれません。しかし、転職や複業が当たり前となった世界では、いち企業の常識をいくら学んだところで、別の企業では通用しないことも多いのです。先の例でいえば、A社の方式に精通していても、それはB社では非常識とされることかもしれません。

それでは、どの企業でも通用する人材となるには、どうすればいいのか。

そこで、**「いち企業のプロ」ではなく「いち分野のプロ」になって、どの会社でも使える汎用的で高度なスキルを身につけること**が求められるのです。

たとえば、「マーケティング分野のプロになりたい！」と決めて、ずっとマーケティングに関わる仕事をすること。マーケティング関連の職で転職を重ね、キャリアアップすると同時に、専門性を高めてゆくことが重要です。

「あなたの仕事は？」と問われたときに、どう答える？

日本では、「あなたの仕事はなんですか？」と尋ねられ、「トヨタに勤めています」「商社で働いています」といったように、企業名や業種を答える人が多く見られます。しかしこの返答は、海外の人にはなかなか理解されないようです。なぜなら、「あなたがその企業でどんな仕事をしているのか」が見えないからです。

ここで、「マーケティングの仕事をしています」「人事を担当しています」と答えれば、あなたがどんな仕事をしているのかがわかるでしょう。重要なのは、「あなたがどんな会社に勤めているか」ではなく、「あなたはなにができるのか」「あなたにどんな強みがあるのか」ということなのです。

日本では、「大手企業に勤めている」と言うと一目置かれるむきがあります。銀行なんかがよい例で、メガバンクに勤めていれば、それだけで「優秀」と判断され、感嘆されるでしょう。

しかし海外では、銀行勤務でもどんな業務かによって、どのように受容されるかが大きく変わります。たとえば窓口業務ですと、「だれでもできる仕事」として捉えられ、「飲食店店員と似た仕事をしている」と受けとられるようです。

この例でいえば、たとえば「マクドナルドで働いている」といっても、カウンターで接客をしているのか、店舗開発をしているのかで、仕事の内容はまったく違います。日本人は、「どこで働いているか」という意識よりも、**「なにをしているのか」「自分になにができるのか」という意識をもっと強く持つべき**なのかもしれません。

これまでの日本では、企業が個人のポテンシャルを信じて採用し、長い目で見て育ててくれたものでした。しかしいまや、そうした時代は終わりつつあるのです。すなわち、**就職する前のもっと早い段階で、自分が興味のあることや得意なことを探し出し、社会に出てその能力を発揮するために、しっかり育んでゆかなければなりません。**

現に、アメリカでは入社時に、インターン経験が重視されています。社会人経験のない新卒学生に対しても、「あなたはなにができるの？」を問うているのです。

そのような環境で就職活動を成功させるためには、自分の得意分野を生かせる仕事を探すこと、専門的な知識や能力を前々から育ててゆくことも重要ですが、そうした「強み」をしっかりプレゼンする力も必要となります。

プレゼン力でいえば、欧米人のプレゼンテーションは素晴らしいものがあり、日本人がそうした能力に乏しいことは、ひろく認知されるところです。実際に彼らのプレゼンを聞くと、日本人からすれば「なぜそんなに自分のことを自信満々に話せるのか」と一歩引いてしまうほど。彼らは自分を売り込む術をちゃんと心得ているのです。

日本においても、近い将来、欧米人のように「なにができるのか」をアピールできるスペシャリストだけが選ばれる時代に突入してゆきます。いまは幼い子どもたちも、こうした時代に、このような社会を自力で生き抜いてゆかなければならない。そう考えると、**子どもたちには、「なにごとでもまんべんなく完了させる力」や「与えられた指示を着実に遂行する力」よりも、『私はこれができる！』と自信を持って言える力」を持たせてあげたい。**そんなふうに思うのです。

育児に磨耗する母親たちが抱える問題とは？

子どもはかわいいのに、育児はつらい

子どもが生まれて幸せを感じない親はいません。あらゆる親にとって、我が子は唯一無二の、愛すべきかわいい存在です。

「子どもには、将来ずっと幸せに生きていってほしい」――それは万人に共通した願いです。それでは、その子が将来幸せに生きてゆくためには、具体的にどのように育てればいいのか。そう考えたことはあるでしょうか？

実際には、子どもの幸福を願っていても、そのための具体的な方法を考えるかたは多くはないように思います。子どもを育てるということは、本当に大変なことです。だから親、とくに母親は、時間をとってしっかりものごとを考えるということがなかなか難しいものです。なかには、日々の育児に追われて心の余裕をなくしているかたもいるでしょう。

しかし、**親自身の心に余裕がなければ、子どもの将来を幸せなものにするために必**

要なことはなにか、じっくり考えることは決してできないのです。

すなわち、子どもの将来を幸せなものとするためにはどうすればよいか、そのために必要な能力をどのように育ててゆくべきかを考えるには、親が抱える悩みを解決し、親をストレスや苦しみから解き放って心の余裕をもたらすことが、その第一歩といえます。


日本では、「育児がつらい」という話をよく聞きます。

人間を育てるということは、とても壮大なプロジェクトです。世の中で最も大変かつ重要な仕事といっても過言ではないでしょう。

親として、自分の言動によってひとりの人間の人格や人生が決まってしまう。そう考えると、責任も重大で、大きな負担を感じることもあるかもしれません。しかも、子どもはなかなか自分の思いどおりには動かないものですから、育児で疲労困憊するのも無理のないことです。


そのような状態では、母親が育児の過程で子どもが言うことを聞かずにイライラしたり、思わず強く叱りすぎてしまったりといったケースも散見されます。育児というのは理屈で測れない面が大きく、大人の思うとおりにいくものではありません。多くの母親は常に大きなストレスにさらされ、「子どもに優しく接しなければならない」

図1　コロナ禍によって、子育てで悩むことや困ることは増えましたか？

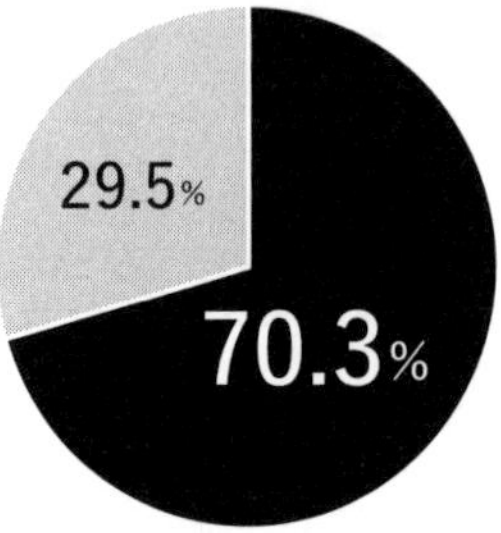

■ はい　□ いいえ　回答者数 217 名

株式会社くらしにくふうによる「3歳から6歳の時期の子育てに関するアンケート」（2020年8月）をもとに作成

「でも、できない」というような葛藤を抱えながら、育児に奮闘しているのかもしれません。

最近では、新型コロナウイルスの影響で、親のストレスがさらに増大しています。

3～6歳の子どもを持つ家庭を対象にした2020年の調査では、「コロナ禍によって育児で悩むことや困ることが増えた」という回答が全体の7割を超えました（図1）。家で過ごす機会が増え、子どもと密に接する時間が増大し、家事と育児、人によっては仕事にも追われ、心の余裕がなくなっているのでしょう（図2）。

子どもはかわいくても、育児はつらい。個人差はあると思いますが、これが日本の現実なのです。

図2　コロナ禍での子育てで困っていること、悩みについてあてはまるものは?

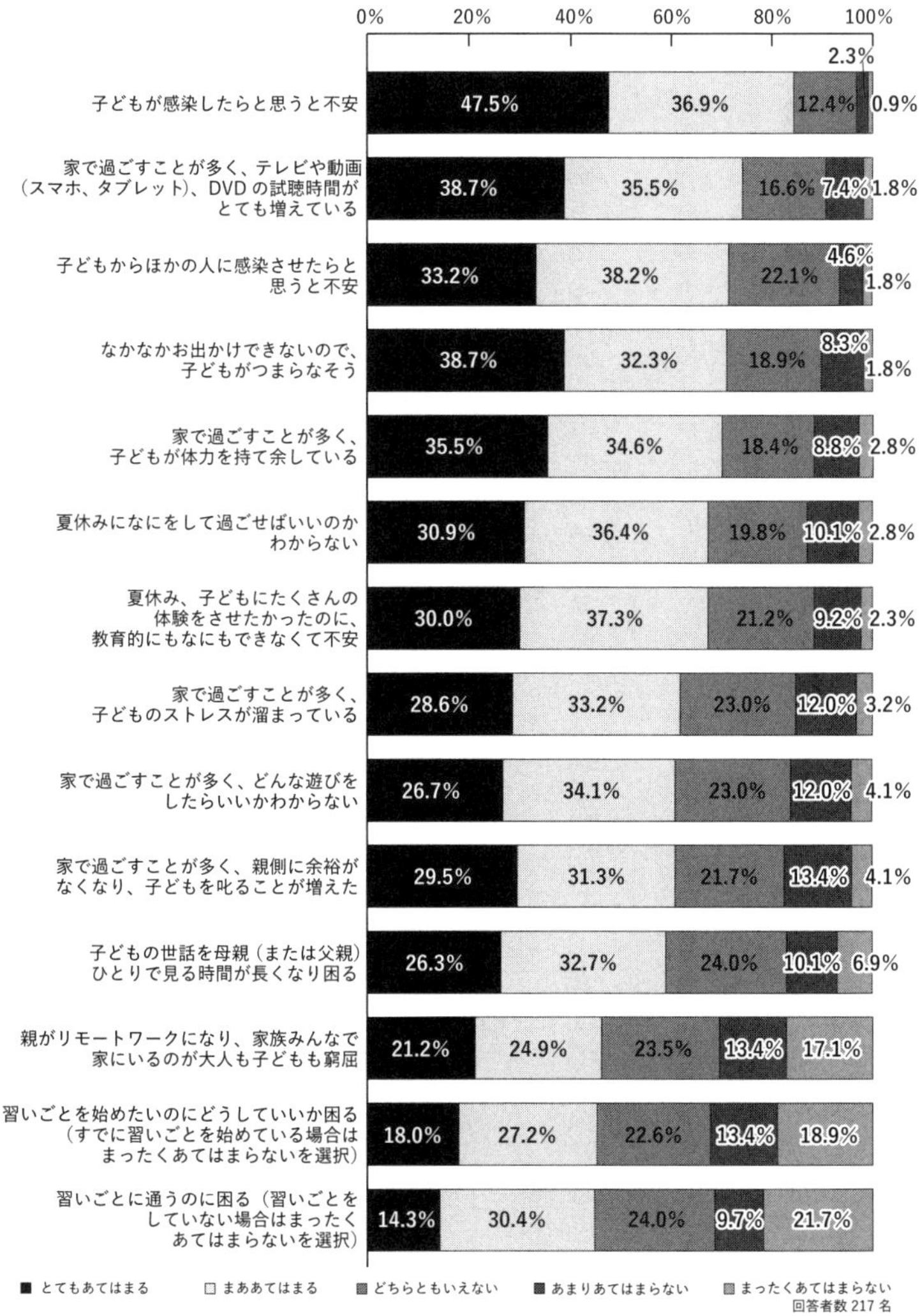

株式会社くらしにくふうによる「3歳から6歳の時期の子育てに関するアンケート」(2020年8月)をもとに作成

親は、あらゆる分野の専門家にならないといけない？

なぜ、育児をつらいと感じるのか。それは、親は育児の初心者であるという大きな要因があります。

育児について知らないことばかりであり、育児のノウハウは座学では決して学べません。それでも、自分なりの「正解」を求めて一所懸命調べたり試行錯誤したりを繰り返す。しかし子どもは、なかなか親の思うようには行動せず、疲れてしまうのです。

人間をひとり育てるには、多岐にわたる知識を要するものです。

たとえば、とくに子どもが小さいうちは、医学の知識が必要です。幼い子どもは病気にかかる機会も多く、「こんな症状になったらこう対応すべき」といった最低限の知識や対策を持っていなければいけません。突然発熱したときに慌てふためくことになってしまいます。

ふたりめの子どもなら、育児にも少しは慣れた状態です。突然高熱が出ても「湿疹が出ているから、突発性発疹かもしれない」といったように、ある程度の出来ごとは経験から判断することができるでしょう。

しかし、ひとりめの子どもであれば、「こんなに高熱が出るなんて、異常事態では？」「深刻な病気かもしれない」と不安になるのが普通です。それが夜中であれば、いますぐ病院へ行くべきかどうか迷うことでしょう。そのような状態に陥るのは、決してあなただけではありません。

子どもが成長し、離乳食が始まるころは、栄養学の知識も得ておきたいものです。1日にどれくらいの量を食べさせるべきなのか。栄養バランスは偏っていないか。初めての育児であれば、親は手探りでその答えを模索することになります。

せっかく離乳食を用意しても、まったく食べてくれないかもしれない。ぎゃくに、食べすぎているようにも思えるかもしれない。子どもの成長ペースは個人によって大きな差がありますから、だれかに聞いても「正解」はありません。親はそのつど、我が子の「最適解」を求めて右往左往することになるでしょう。

ほかにも、子どもを育てるにはお金が必要なので、親はファイナンシャル・プランナーとなって、お金の知識を得る必要があります。子どもが体を使って遊ぶようになれば、どのように体を使えば危険でないかといった運動に関する知識も要しますし、子どもと効果的なコミュニケーションをとるためには、心理学やコミュニケーションの知識も重要です。

このように、**親というのは日々の育児のなかで、あらゆる分野の知識を自然と吸収し、駆使している**のです。

しかし、あらゆる分野の知識に精通するといっても、そんなことは一朝一夕にはとうてい不可能です。しかし、子どもを健やかに育てるために、親はそれを無意識的に習得しようとしているのです。こうしてたくさんの悩みを自分のなかに抱え込み、心が疲弊してしまうかたが多いのです。

とくに初めての子どもの場合、親は「100点満点」を目指してしまいがちです。せっかく生まれた愛すべき我が子に、あれもこれもしてあげたい。子どもにとって最高の親でありたい。一つのミスも許されない……そうして頑張りすぎてしまうと、疲労がどんどん蓄積してゆくことになります。

しかしすべての親にとって、子育ては初めての経験ですから、完璧にできないのは当たり前です。**「自分だけでしっかりやらなきゃ」とひとりで抱え込まず、自分の知識や努力で足りない部分を感じたら、どんどん周囲に頼ってよい**のです。

子どもの体調のことで悩みがあったら、小児科を受診します。いわば、「医学のプロ」に頼って問題を解決するわけですが、それと同様に「専門家を頼る」という選択肢があることに、もっと気づいてほしいと思います。

離乳食のことで悩んだら栄養士に質問すればいいし、子どもの教育費のことで悩んだら、ファイナンシャル・プランナーに相談すればいい。「その道のプロ」に質問する

図3　ママ自身が感じるアンコンシャスバイアス（複数回答可）

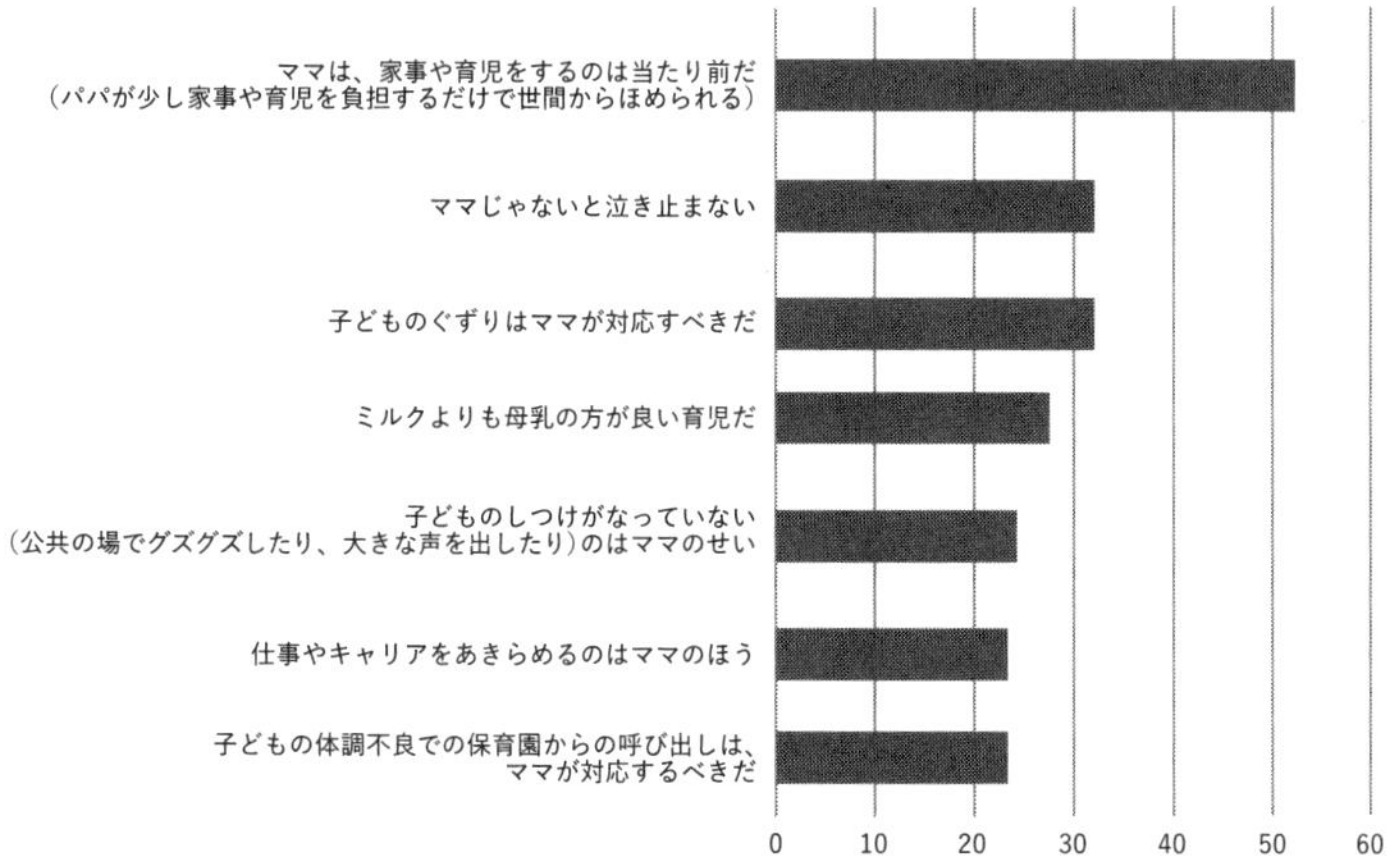

回答者数276名、3つまで回答可
カラダノート社「ママを取り巻くアイコンシャスバイアス（無意識の偏見）の調査」（2020年3月）をもとに作成

ことで、我が子の育児にかかる「最適解」を最短ルートで導き出せるでしょう。

現代の日本の育児環境は、物理的にも精神的にも、そうした「相談できる環境」が整っていないことが、大きな問題なのです。

「こうあるべき」という根拠なき思い込みが、母親を追い込む

「育児の悩みを相談できる環境」がないことは、精神的な問題にも繋がります。

これはとくに母親に根深い問題であり、**「母親はこうでなければいけない」という思い込みが、母親自身のなかにも社会の奥深くにも存在している**のです。

2020年に行なわれたある調査によれば、「ママが家事や育児をするのは当

たり前」と考えている母親が、回答者数の半数以上に上りました（図3）。共働きが一般化した現代においてもなお、専業主婦が大多数であった時代の風潮が根強く残っているのです。

この調査では、ほかにも「子どもが公共の場でぐずったり大きな声を出したりするのはママのせい」、「仕事やキャリアをあきらめるのはママのほう」、「自分の体調が悪くてもママが子どもの面倒を見るべき」、「自分の時間のために外部の育児サービスを使うべきではない」と考えている母親が多いことが明らかとなりました。

これらの結果からわかることはなにか。

それは、**「子育ては母親の自己犠牲の上に成り立つ」という根拠のない偏見が、社会にいまなお広く流布している**ことです。このような思い込みが、母親にとって育児をつらいものにしてしまっているのです。

よくいわれることですが、親もひとりの人間です。しかし日本では、親になったとたんに「子どものために自分の時間のすべてを費やせ」と強いられ、まるで人権を奪われてしまったかのように感じます。

母親だって、だれに気兼ねすることなく「自分の時間」を過ごしてもいいはずです。週に1回でも、カフェに行ってゆっくり読書をする時間があればいい。ひとりで買いものをするのもいいし、ただただ寝て過ごしたい日もあるでしょう。夫婦で外食する時間もほしい。それは当然の願いです。

最近では託児サービスやベビーシッターサービスが増えてきましたが、それでもなお「母親が自分の楽しみのために子どもを預けるのは非常識」と考える人が多いように思います。

しかし、ベビーシッター文化が古くから根づいているアメリカでは、子どもが0歳や1歳というごく幼い年齢でも、ベビーシッターに預けて買いものに行ったり、夫婦でデートしたりするのが普通です。ところが日本では、非常に多くのママたちが、そのような「息抜き」の時間を持てずに育児に奮闘しているのです。

日本独自の「世間体」という考えかた

「育児がつらい問題」を増長させる大きな要因として、「世間体」という考えかたがあります。先に述べた「育児は母親が行なうもの」という思い込みも、この「世間体」から派生したものです。

もしもあなたが、次のような考えを抱いたことがあるなら、あなたも「世間体」という呪縛に囚われているといえます。

「子どもをベビーシッターに預けて夫婦で食事に行くなんて言ったら、子どもがかわいそうだと批判されるのではないか」
「子どもの学校や保育園の保護者会には、母親が参加すべきではないか」
「子どもが熱を出したときにパパが迎えに行ったら、変に思われるのではないか」

ここで注意していただきたいのは、「世間体」と「社会性」がしばしば混同されることです。

従来、世間体とは、本来はそうすべき合理的な理由やそうせざるをえない事情があるにもかかわらず、人目を気にしてできない、もしくは、するのが憚られる状態のことです。しかし**日本では、「社会性」を高く保とうとするあまりに周囲の目、すなわち「世間体」を気にしてしまう傾向が強い**ように思います。

「世間体」と「社会性」は似て非なるもので、日本独自の考えかただといえます。

日本は、モノがあふれて物質的には豊かな国です。それにもかかわらず、しばしば「精神的に豊かではない」と指摘されるのは、この「世間体」の考えかたが大きく関係していると私は考えています。

「人と同じでなければいけない」と考えたり、他人からの評価を気にしたりして無理をすれば、ストレスになるのは当然です。

しかし、はたして「自分の幸せ」よりも「他人の目」を優先する必要はあるのでしょうか。ちょっと立ち止まって、そのことをよく考えていただきたいと思います。

親がストレスを抱えていると、子どもによい影響はありません。

子どもは、親には常に笑っていてほしいものです。親がいつも笑顔でいるためには、定期的にリフレッシュして心の余裕を持つ努力をしなければなりません。すると、子どもが思うとおりに行動しなくても、イライラせずにすむかもしれない。24時間子どもに張りついて一挙手一投足に反応するよりも、よほどよい子育てができるはずです。「育児がつらい」という状況を脱するためには、自分が知らず知らずのうちに囚われているさまざまな思い込みに気づくことが大切です。

母親も、もちろん父親も、自分の快適さをもっと追求していい。

そのことに気づくことが、子どもをよりよく育てるための第一歩となるのです。

保育士たちを取り巻く問題とは？

保育士は、現場仕事より書類仕事が多すぎる？

ここで少し目線を変えて、現代の保育園や幼稚園が抱える問題にも目を向けてみましょう。親と同様に、子どもとたくさん関わり、彼らをよりよく育てようとする保育士もまた、子どもと接するなかでたくさんの問題を抱えています。

私は保育園を経営する立場として、これまでたくさんの保育士のかたがたと出会ってきましたが、彼らはみな子どもが大好きです。当たり前のことですが、子どもが嫌いな人は保育士にはなりません。

すなわち、「子どもが好き」という純粋な気持ちで、「子どもに幸せになってほしい」「そのために、子どもを最高の環境で保育してあげたい」「子どもの能力を最大限に伸ばしてあげたい」と考えて日々の仕事に臨んでいるはずです。しかし現実には、それが思うようにいかない事情があるようです。

保育士が直面している主な問題は、その仕事量の多さです。

日本の保育園は、書類仕事が多いという特徴があります。海外の事情と比較しても明らかで、それが保育士のハードワークの大きな原因となっています。

たとえばニュージーランドやオーストラリアの保育士には、書類仕事はほとんど課されません。「**書類をつくる時間があったら、そのぶん多くの時間を子どもと向き合うことに費やすべきだ**」――こうした方針が大前提としてあるのです。

それでは、日本の保育士は、日々の業務のなかでいったいどのような書類を作成しなければならないのか。一例を挙げれば、全体的な保育計画や年間指導計画。月間指導計画に保育日誌、園だより……。園児の親に向けての資料もありますが、国や自治体に提出するための資料が大半です。

国や自治体に向けての書類を用意するのは、監査のためでもあります。保育所がきちんと保育をしているかどうか、園の計画や方針、そのとおりに進んでいるかの実情を、国や自治体は書類上でしか判断できないのです。

たしかに、しっかりした保育計画があれば、国や自治体も、ひいては園に子どもを通わせる親も安心かもしれませんが、計画を立てて書類化するという作業で保育士が疲弊し、子どもに笑顔で接する余裕がなくなってしまうとすると、非常に問題だと思います。

このように、国や自治体が書類上の「保育計画」を重視してきた背景としては、日本の保育現場において「一斉保育」が前提としてあったからです。

一斉保育とは、先生が活動計画を立てて、同じ時間にみんなで同じことをする保育手法のことです。これまでの日本では、「おゆうぎの時間」や「お絵描きの時間」、「外で運動する時間」などが事前に詳細にわたって定められ、子どもを一律的に管理しようとする動きが一般的でした。

しかし一斉保育は、子ども一人ひとりの強みや「非認知能力」を伸ばすのには、まったく適していない方式です。「非認知能力」については2章で詳しくお話ししますが、

子どもの保育においてそれぞれの個性を伸ばすことに重きを置くのであれば、保育が

計画どおりにいくことを目的とすべきではないのです。**「計画どおりにいく」ということは、「大人の思いどおりにする」ということ**だからです。

子どもをよりよく育てたい。子どもが幸せに生きてゆくために、個性や能力を伸ばしてあげたい——そんな希望を抱いて保育士になったはずなのに、子どもの個性の芽を摘みとるような「一斉保育」の計画を作成するために、大きな時間を割かなくてはならない。勤務時間内ならまだしも、保育士の休み時間やプライベートの時間が削られ、サービス残業が増えているというのが、残念ながら、現代日本の保育現場の現実なのです。

ルールからはみ出た子を叱るストレス

一斉保育は、書類仕事を増やすという面以外にも、保育士のストレスを増大させる要因となっています。

もしかすると、保育士の仕事を、子どもが言うことを聞かないときに注意したり、言うことを聞くように促したりして指導することだと考えている人もいるかもしれません。**保育士の最大の仕事は、子どもの個性や能力を伸ばし、人間性を豊かに育み、その子が生き生きと、幸せに過ごすための力を育むこと**です。

しかし現実には、次のような一斉保育独自の考えかたに縛られて、子どもを叱る機会が増えているように思います。

「いまは◯◯の時間だから、みんなと一緒に◯◯をさせなければならない」
「◯歳のうちに、これをできるようにしてあげなければいけない」
「◯◯な子を育てないといけない」

保育のカリキュラムがきっちり決まり、このような思考に囚われていると、みんなと同じことをしていない子どもを注意しなければなりません。年齢ごとの保育計画に従おうとすれば、それができない子にはできるまで指導しなければならなくなります。同様に、「どういう子に育てるか」という方針を守ろうとすれば、本人が望まないことでもさせなければならない。一斉保育は、このような問題を孕んでいるのです。

その子がいちど注意して言うことを聞いてくれれば、苦労はないかもしれません。しかし子どもは、「やりたくないこと」はやりたがらないものです。実際は、外遊びの時間でも「お絵描きをしたい!」、工作の時間でも「お庭で走りたい!」と、自分の意志を通そうとするでしょう。なかには、泣き叫んで「保育計画上の行動」を拒絶する子どももいるかもしれません。保育士がいくら子ども好きとはいえ、一斉保育という大人側の都合を強いて、それゆえにぐずる子どもの対応をするというのは、非常に骨が折れることです。

しかしここで、子どもの自主性を尊重して、子どもが自分のペースでしたいことを行ない、無理なく能力を伸ばしていくような保育指針であれば、どうでしょうか。すくなくとも、「計画から外れたから」という理由で保育士が子どもを叱る必要はなくなります。「いまは◯◯の時間よ!」「ほら、並んで!」などと、ルールに従わせるために注意する必要はなくなります。もちろん、「危険なことはさせない」という最低条件はありますが、**より余裕をもった目線で子どもの行動を見守ってあげることができる**はずです。

先に述べたように、子どもたちが大人になる未来は、どんな社会になっているのかを考えると、将来的には「ほかの子と同じように、まんべんなくなんでも一定のレベルでできる子ども」よりも、「ある分野に突出した能力を持つ子ども」が求められるようになってゆきます。すなわち、**一斉保育的なルールに縛られないほうが、結果として子どものためになる**のです。

子どももひとりの人間ですから、個性はそれぞれ違います。だからこそ、それぞれの個性が「一つの型」にはまっていなくてもかまわない――そうした心がまえで子どもを保育できれば、先生のストレスは自然と軽減されてゆくでしょう。

それは本当に子どものため？

ほかにも、保育士の抱える問題はまだあります。

たとえば、おゆうぎ会で着る衣装を、先生が家に持ち帰って製作するということは、日本の保育園では非常によく見られる光景です。サービス残業となりますが、それが暗黙の了解として広く認知されているため、保育士のプライベートの時間が削られてしまうという実情があります。

この問題にも、「おゆうぎ会には、役に合った衣装を着せなければならない」「ある程度レベルの高い衣装を着せなければならない」「そのためには、大人が製作してあげなければならない」という一斉保育的な考えかたが、色濃く出ているように思います。

しかし、ここでよく考えていただきたいのですが、はたして保育士が自分の時間を割いてまで、子どもの衣装を製作する必要があるのでしょうか。

こう考えると、子どもが着るものなのだから、子どもに作らせればよいという発想も生まれます。自分が着たい服を子ども自身が想像して作るようにすれば、子どもも自発的に、「服を作る」という新しいことにチャレンジすることができます。さらに、自分で作った服には愛着が湧きますから、着るのもうれしいことでしょう。

こうした事例は、保育現場にはたくさんあります。

たとえば、いくつかの保育園では、子どもがシールを貼った紙や、ぐちゃぐちゃに描いた絵などを、先生がかわいくデコレーションして保護者に渡すこともあります。

先のおゆうぎ会の衣装製作や、子どもの作品へのデコレーションなどは、保育士がよかれと思って自発的に行なっていることかもしれません。しかし、ここで重要なのは、そのとき**保育士は子どもを喜ばせたいと思ってやっているのか、親を喜ばせたいと思ってやっているのか**という点なのです。

私は、保育士はすべてにおいて、「子どもファースト」でなければならないと考えています。子どもが幸せな未来を手にできるように、子どもが健やかに成長できるように、子どもがそれぞれの能力や個性を最大限に引き出せるように、それを実現させるためには、**保育士のみならず育児や保育に関わるすべての大人が子ども目線でものごとを考え、行動しなければならない**と信じているのです。

このことを、先のおゆうぎ会の衣装の例で考えてみましょう。

たしかに、大人が美しく仕立てた衣装を着ることで、子ども自身も喜ぶかもしれません。それと比較して、子ども手ずから自作した衣装を着る場合では、子どもの反応はどうでしょうか。おそらく子どもは、作る過程においても困難を乗り越えてものごとを達成するやりがいや満足感を得られるはずですし、純粋な「作る楽しみ」を感じることでしょう。そしてなにより、苦労の末に完成した衣装を着て、観客の前でおゆうぎを演じることで、おそらく圧倒的な満足感が生じるはずです。

こう考えると、大人が小綺麗な衣装を製作してやるよりも、得られるものが大きいように思えるのです。

保育士のハードワークによる負担を少しでも減らすためには、どうすべきなのか。「子どもファースト」という保育の原点に立ち返ることで、それを解決するヒントを見つけられるかもしれません。もちろんそれには、親の理解も必要です。子どもの自主的な行動を見守っているのに、「子どもを放置している」「きちんと指導してくれない」と捉えられかねない恐れもあるからです。

子どもをよりよく育てるためには、**保育士と親とが一緒になって、「これは本当に子どものためになっているのか？」と考えてゆける関係性が不可欠**だと考えています。

日本の保育現場の主流「一斉保育」の問題点

高度経済成長期までは一斉保育でよかったが……

一斉保育という方式は、いわば、「指示されたことをしっかり遂行できる子」を育てるための教育方法といえますが、なぜ、この方式がここまで長い間にわたって広く採用されたのか。その背景はいまから約60年前、高度経済成長期のころの社会風潮に由来します。

日本の経済規模が飛躍的に拡大した高度経済成長期、日本の企業が欲していた人材は、「言われたことをちゃんとやる人」でした。企業のために奮闘できる社員、たとえ不条理でも上司の指示をやり遂げる社員が、「役に立つ人」と捉えられていたむきがあります。

一斉保育は、そうした未来の人材を育む教育方式であり、非常に理にかなっていたともいえます。経済はずっと右肩上がりで、上司の言うとおりにやることさえしっかりやっていれば、会社がいくらでも成長できた時代。余計なことはごちゃごちゃ考えず、「会社のため」と信じて、与えられた目標に向かって全力疾走する。そんな人たちが活躍し、出世した時代だったのです。

実は一斉保育方式からシフトする政策として、政府は1988年に、保育の質の向上という目的を掲げて、子どもの自主的な活動を中心とする「自由保育」に舵を切りました。しかし、現在も一斉保育を採用している園は多く、一部に自由保育を採り入れているものの基本的には一斉保育という園も散見されます。

これまでの育児や保育の現場で当たり前のように唱えられてきた「行儀のよい子にします」「親の言うことを聞く子にします」というのは、すなわち「余計なことを考えないで、言われたとおりに行動する子にします」ということでもあります。しかし、これからは、「言われたことをする」というのは、ＡＩの仕事になることが容易に予想されます。

もしも一斉保育方式で「言われたとおりにできる子」を育てたとしても、その子がいずれ社会に出たときに、「そんな能力は不要だ」と切り捨てられてしまうかもしれない。いまの子どもたちは、「従順さ」よりも「個性」や「専門性」、「自主性」が価値とみなされる社会に生きることになるのです。

いまの子どもたちに将来も幸せに暮らしてほしいと願うなら、ＡＩに取って代わられないような仕事に就いて能力を発揮することが大前提であり、そのためには**「言われたことを正確に遂行する」という能力よりも、自ら考える力を伸ばすことが大切**です。

そしてその能力は、一斉保育では決して伸ばせない能力なのです。

一人ひとりに、自分に合ったペースがある

一斉保育には、子ども一人ひとりのリズムに合わせてあげられないというデメリットがあります。**「この時間は○○をする」というルールが微細にわたって定められ、そこに「子どもの自主性」が入る隙はない**からです。

たとえば給食では、決められた時間になれば、みんな同じ量の食事をとります。しかし、朝ごはんを食べた時間も、体格も、子どもごとに違います。にもかかわらず、「同じ時間に同じ量を食べる」というのは、はたして理に適っているのでしょうか。朝食を6時に食べた子は、昼にはおなかがすいているかもしれません。しかし、8時に食べた子は、まだそんなにはおなかがすいていないかもしれない。ところが、現在の保育園の環境では、一律的に「残したらダメ」と指導される傾向が強いようです。

食事でいえば、食べるスピードについても、個人差があります。

「小学校では給食の時間が決まっているのだから、小学校に上がる前に、おうちでも20分くらいを目安に食べられるように練習してくださいね」――こんなふうに、保育園から親への指導が入るケースもありますが、「ゆっくり食べたほうが消化によい」ということは、広く知られているところです。もちろん「ゆっくり食べる」には限度があり、いつまでもダラダラと食事を続けることは負の影響もありますが、子どもの個体差やその日の調子を加味せずに、総じて「スケジュールに合わせろ」というのは、少し疑問を感じます。

この点においても、**問題は、「子どもファースト」の目線ではなく、「保育園の運営上」という大人都合の理由が関わっている点にあります。**

なぜ、決められた時間に、決められたスピードで、決められた量の食事を終えなければならないのか。もちろん、「子どもがあらゆるメニューをテンポよく自発的に食べられるようにするため」「必要とされる栄養基準を満たすため」という目標もありますが、最も大きな理由は、みんなが一斉に食事を終えなければ、すなわち、子どもごとに食事の時間や量を変えてしまえば世話がたいへんだからという大人側の意図もあるのです。

午睡にしても同じことがいえます。睡眠時間や起床時間によって、昼寝の必要性は異なります。家で8時間しか眠っていない子もいれば、12時間眠っている子もいる。

しかし現実には、決められた午睡時間に眠くならない子に対しては、「午睡時間中は、目を開けた状態でも、みんなと並んで横になっていなさい」と指導するのが一般的です。

まったく眠くないのに、午睡の2時間ほどの間は、ただただ天井を見つめて横になっていなければならない——それがどれほど苦痛なことか、容易に想像がつくでしょう。

このように、**一斉保育では、一人ひとりの子どもの特性に合った保育は難しい**という実情があるのです。

こうした問題を解決するために、私たちのミントリーフでは、昼食の時間に幅を持たせることにしています。個人によって生活リズムが違うので、みんな揃って「いただきます」をする必要はないと考えているからです。

昼食後には午睡時間を設けていますが、「眠くない」という子に無理に昼寝を強いることはしていません。お昼寝をしない子は、お昼寝をする子がしっかり眠れるように、「Ｑｕｉｅｔ Ｔｉｍｅ（静かに遊ぶ時間）」としています。

もちろん、午睡時間には眠さを感じず、昼寝をしなかったけれど午睡時間後に眠くなってしまうという子もいます。しかしそうした子は、「午睡時間に眠らなかったらのちのちとても眠くなった」という経験を重ねることで学習し、いずれ自主的に午睡時間に布団に入るようになるのです。

「考える力」を育てる環境とは?

ここまで、一斉保育の問題点について述べてきましたが、もうひとつの大きな問題があります。それは、**「自分がなにをするか」が他人に決められている**ことです。

毎日のように「これをしなさい」「あれはだめ」と指示される子どもは、自分の意見を伝える機会が圧倒的に少なくなります。いわば**一斉保育では、本人の思考力を育む機会を知らず知らずのうちに奪っている**のです。

「自分のやりたいこと」を主張しても、「いまは○○の時間だから」と否定される。これは「はじめに」で述べた歯磨きの話に通じるところがありますが、自己否定を重ねた子どもは、やがて自分の意見を伝えることを躊躇するようになります。結果として、自分の考えを持っていたとしても、自分の考えをうまく伝えることができない子になってしまうのです。

「これをしなさい」をしっかり遂行できる子どもだけがほめられるような環境で過ごしていると、「他人の指示を待つ」という受け身姿勢の子どもに育ってしまうリスクがあります。「あなたはどう思う?」「思うとおりにやってごらん」――このように「自分の考え」を認められて育った子どもと、「考える力」に雲泥の差がつくことになります。

子どもに接するうえで大切なことは、**「あなたは間違ってもいい」と教える**こと。そして、間違ったことに対して叱ったり罰を与えたりするのではなく、**どんな意見でもいちどは認めてあげる**ことです。

そもそも、人の考えや意見というものは、「正解」「不正解」で測れるものではありません。しかし日本人は、周りの人たちや大多数と同じ意見でなければ、間違っているかのように捉える傾向があります。しかし、他人と違う意見を持っているということは、違う人間である以上、ごく当たり前だということを、あらためて理解してほしいと思います。

もちろん、なかには「正解」「不正解」がはっきりと線引きできるような考えや意見もあるでしょう。そうした意見に対しても、「それは間違いだ」「正解はこうだ」と教えるべきではないのです。**その子自身がよく考えて、答えにたどり着くプロセスこそが、考える力を養うために重要**なのです。

大人の思い込みは、子どもに伝播する

子どもの発達のスピードや興味の方向は、人それぞれです。しかし現実には、「〇歳ではこれをする」というある程度の目安が定められているために、「もう〇歳なのだから、これくらいできないと」という思い込みに、大人が囚われているふしも見受け

られます。
「こんなこともできないの」「ほかの子はできているよ」「○歳までにできるようになろうね」——このような発言は、悪気はなくとも子どものプレッシャーになるだけで、悪い影響を与えるだけです。

この種の思い込みには、逆のパターンもあります。すなわち、大人が「この子はまだ○歳なのだから、こんなことはまだできないだろう」と勝手に決めつけているというケースです。

たとえば、大人のなかには、「2歳でハサミを使うのは早い」と考える人もいます。「2歳だと手の機能がまだ充分に発達していないので、危険だ」というのがその主たる理由ですが、手の発達にも個人差が大きく、年齢は目安にすぎません。

たしかに、ハサミの使いかたを知らない子どもには、危険な面もあるでしょう。そうであれば、大人がそばにいて、ハサミを使うことで発生する危険から子どもを守るように注意して見てやればいい。2歳だろうが1歳だろうがハサミを使わせてもかまわない。私はそのように考えています。

「ハサミを使ってみたい!」——**子どもがそのように自発的に興味を抱いたときが、最もスムーズに「これまでできなかったこと」や「新しく挑戦したこと」を吸収できる時期**だからです。

このような大人の思い込みは、子ども自身の認識にも影響します。

「○歳なのに、これができない自分はダメなんだ……」
「もう○歳なのに、こんなことをしたら笑われちゃう……」

このような思考から、子どもが自信を喪失する原因になりかねません。

しかし、なにかのスペシャリストにならなければ生き残れない時代においては、**「苦手なこと」でも人並みにできるようにするより、他人にはできない、自分だけが突出してできる得意なことを伸ばしたほうがよい**のです。ところが現実には、「なんでもほかの人と同じくらいできるようにすること」があらゆるゴールとして設定され、大人はそのために時間を使いすぎているともいえます。

極端な話、たとえばマーケティングのプロならば、「マーケティングについてはだれにも負けません。でも、ほかのことはできません」という状態でもいいのです。お医者さんであれば、医学に精通していて治療の技術をちゃんと持っていればいい。絵が下手でも、泳げなくても、歌がうまくなくてもかまいません。**「飛び抜けてできるなにか」さえあれば、それで充分**なのです。

ほかの人たちと横並びになることに、執着する必要はありません。自分のペースで挑戦して、できることを伸ばしていくだけでいいのです。

海外の育児・保育環境から考える

海外の保育現場から得られるヒント

現在の親や保育士世代の多くは、一斉保育・一斉教育的な環境で成長してきました。保育園に限らず、小学校以降でもみんなで同じカリキュラムをこなし、答えがある問題を解き、テストの点数を競う。これは、非常に一般的な風潮です。

しかし、ここで問題となるのは、自身が一斉保育で育ってきたために、子どもに対して一斉保育以外のアプローチを知らないということです。子どもの個性を伸ばし、考える力を育むためには、どのように子どもに接すればよいのかわからない——いわば「答えのない問題に向き合って考える力」を伸ばすための術を知らない人は多いでしょう。

ここで視点を変えて、海外の保育事情に目を向けてみましょう。

海外の保育園では、なによりもまず「子どもの考える力を育てる」という方針をなによりも重視しています。3章で取りあげるレッジョ・エミリア・アプローチも、当然ながら「考える力」を育むことを重んじています。

私はかつてアメリカに住んでいたことがありますが、日本人と欧米人とで大きな違いを感じたのは、大人も子どもも躊躇なく質問する姿勢です。

こちらが「なぜいま、そんなことを声を大にして質問するのか?」と思うような内容でも、相手の反応を気にせず積極的に質問してくる人がほとんどです。これは、自分の考えを問われることの多い環境で育ったこともありますが、**個人の意見に対して「合っている」「間違っている」といった評価を下さないため、だれもが安心して発言できる**といった事情も大きいと思います。

どんな意見に対しても、個人の意見としてしっかり受け入れることができるのは、幼いころからそれが当たり前である環境で育ったからです。彼らは他人の意見に対して自分の考えを述べて討論したり、自らの考えと照らし合わせて意思を決定したりしますが、自分の考えと違っていても、相手の考えを否定することはしません。「**一人ひとり、考えが違って当たり前**」という思想が根底にあるからです。

一方で、日本では、他人の意見に合わせることや、他の人と同じように行動することをよしとする傾向があります。

「協調性」という言葉がありますが、多くの日本人は、周りに合わせることが協調性であると考えています。しかし**本来の協調性とは、お互いに自分の意見を言い合って、**

そのなかでよりよい解決策を見出していくことです。

つまり、「協力して調整すること」が協調性の本質であって、「自分が我慢して相手に合わせること」では決してないのです。

自分の考えを述べることや他人の意見を聞くことは、協調性を築く基礎にもなります。**互いの意見を聞き合う文化があってこそ、そのなかで生きる子どもたちも、自分で考えて発言するという力が自然と伸びる**ことになるのです。

「間違えること」を恥じる必要はない

もうひとつ、海外に住んで驚いたのが、**失敗を許容する文化**です。

日本では、「間違えることは悪」といった空気が蔓延しています。学校でも社会でも、いちど失敗したら履歴書には永遠に「キズ」として残るかのような、花道を即座に退場させられるかのような重いダメージが残ります。たとえば、いちど会社を潰した社長には、ずっと「敗者」のイメージがつきまといがちですし、ただ1回の失言で政治家が責任を取って辞任するといった事態が頻発しています。

こうした風潮が影響しているのか、「間違えたら恥ずかしい」と感じる人、「間違えることが悪だ」と捉える人も多いように見受けられます。しかし、**人間は間違えてこそものごとを覚えることができるし、その経験から大きく成長できる**ものなのです。

「間違えたくない」「失敗したくない」という気持ちだけが強い状態では、なにも挑戦できません。「自分の考えを発言すると、笑われるのではないか」と恐れるようでは、他の人と意見を交わしたり、議論したりする有用な機会も失われてしまいます。

アメリカでは、失敗していない人間は信用されない傾向が強く見られます。**「失敗するほど成功に近づくものだ」という考えが、社会の根底にある**からです。

とくにビジネスにおいて、その傾向は顕著です。アメリカから革新的なビジネスや世界的な企業が生まれているのは、失敗を恐れず挑戦できる土壌があるからかもしれません。失敗を許容する文化のある国が、多くの起業家を生んできたという事実は、着目すべき興味深い点です。

もちろん、これまで失敗を許さない文化であった日本が、突如として失敗を許容する文化に変わることは、現実的には難しいものがあるでしょう。文化を変えるには、相応の時間が必要です。

しかし、いまの子どもたちが個人の考えを尊重し、失敗や間違いを恐れず自分の意見を主張することを学べば、彼らが大人になる30〜40年後には、日本の文化は自ずと変わり、新たなスタンダードが生まれているはずです。

そのためにも、まずは大人である私たちの考えかたを変え、子どもたちにそれを教えてゆくこと。長い目で見れば、それこそが日本が大きく方向を変える契機となるのです。

大学入試でも、「人間力」を重視するアメリカ文化

日本と欧米では、大学入試の方法も大きく異なります。

日本の大学入試で重視されるのは、主にテストの点数です。推薦入試やＡＯ入試などもありますが、一般入試を受ける場合は、試験の点数で合否がほとんど決まります。

そのため、「実力はあるのに、試験当日はたまたま体調が優れなかった」「ふだんは合格点を軽くクリアできる能力があるのに、本番の試験では合格ラインに達しなかった」というように、試験当日の出来ですべてを判断されてしまうというのは、**いちどの失敗を許さないという厳しい文化の所以**だと思います。

一方でアメリカの一流大学は、入試においては総合的な「人間力」を重視します。

たとえば、高校4年間の成績や、これまで行なったボランティア経験、自分の考えを述べるエッセイなどで、個人の能力を総合的に判断されるのです。

つまり、日本のように机に向き合って高点数をとるための勉強だけに注力していて

は、大学に合格することはできません。日ごろどのようなことを考えているのか、どんなことに問題意識を持っているのか。そして、その問題意識にもとづいて、どんな行動をしてきたのか、そして、それを人にしっかりプレゼンできるか——そんな能力が重視されるのです。

しかし、日本の高校生にボランティアを勧めると、「受験勉強で忙しい」「内申点に反映されるならやる」と返答されることがあります。現代の日本の状況では、これはしかたがないことかもしれません。こうした風潮は、人間力や思考力のような「非認知能力」よりも、点数で測りうる「認知能力」が重視されている日本社会の実情を、よく表しています。

しかしいまや、そうした認知能力ではなく、非認知能力を育むことが、保育・教育業界のニュースタンダードになりつつあります。そこで2章では、そもそも非認知能力とはいったいなにか、それが子どもの将来を豊かなものとするためになぜ必要なのか、どのようにそれを育てていくべきかについて、詳しく見ていきましょう。

2章

アクティブ・ラーニングで「非認知能力」を高める

注目が高まる「非認知能力」とは？

「非認知能力」を代表する10の能力

これまで日本の教育で重視されてきた「認知能力」とは、明確な答えがあり、数値によって優秀か否かを測ることができる能力を指します。学力テストはその代表格で、点数によって個人の優劣を単純に評価することができます。

一方で「非認知能力」とは、はっきりした答えがなく数値化できない能力です。テストのように、単純に◯×を付けられる類のものではありません。

具体的にはどんな能力を指すのか。非認知能力とはさまざまな能力の総称であり、一つひとつを見ればキリがないのですが、代表的なものとして、次の10個の能力を挙げることができます。

1. 創造性 Creativity

なにもないところから、新しいものをつくり出す力

2. 批判的思考能力 Critical Thinking

人の言うことを鵜呑みにせず、自分の頭で考える力

3. **意思疎通力** Communication
対人的なやりとりにおいて、互いの意思疎通を円滑にする力

4. **協調性** Collaboration
異なった環境や立場にある人々が、お互いに助け合ったり譲り合ったりしながら同じ目標に向かって物事を成し遂げるための力

5. **交渉力** Negotiation
当事者間で発生している問題や課題の解決手段を取り決める力

6. **問題解決能力** Problem Solving
起こっている問題を分析し、原因を洗い出し、自分にできる解決策をつくって実行する力

7. **意思決定力** Decision Making
特定の目標を達成するために、ある状況において複数の代替案から、最善の解を求めようとする力

8. **忍耐力** Perseverance
苦しさ、つらさ、悲しさなどのマイナスな感情に対して耐える力

9. **柔軟性** Flexibility
状況が変わっても対応できる力

10. **やる気** Motivation

目標に向かって行動するために、自分自身を鼓舞する力

この10個のなかでも、創造性と批判的思考能力の二つは、これからの社会でさらに重要性が高まっていく能力です。それぞれの特徴を詳しく見てゆきましょう。

子どもはだれしも創造力を備えている

社会においては、自然災害や経済危機、政情不安など、予測不可能な事態がたびたび起こります。コロナショックもその一例ですが、社会変化が加速するこれからの時代でも、予期せぬ事態は容赦なく起こるでしょう。テクノロジーの進化も目覚ましいものがあるので、つい最近まで使っていたものが気づいたら古いテクノロジーになっていたなんてことも頻繁にありえます。

すなわち、予測不能なことに由来して社会が大きく変われば、これまでの「常識」や「学んできたこと」が通用しなくなります。そんなときには、「学んでいないからわからない」ではなく、「それではどうするか？」と考えることが必要なのです。**時代の変化に合わせて新たな方法をつくり出せる創造性が、変化の激しいこれからの社会を生き抜くためには不可欠**だといえます。

1章ではこれからの仕事や働きかたについて述べましたが、単純作業や論理的思考

はロボットが得意とする分野である以上、人間が仕事において「人間らしさ」を発揮するためには、論理思考能力にくわえて創造性が大きく求められます。将来的にロボットに自分の仕事を奪われないためには、創造性が一つのキーワードとなるでしょう。

そもそも人間は、生まれながらにして、豊かな創造性を備えています。

たとえば、なにもないところから絵を描こうとして、頭のなかにイメージを自由に思い描けること。音楽をつくるときに、音階が自然と思い浮かぶこと。こうしたものは、すべて創造性の産物であり、人間の精神を豊かにしてくれるものです。

それは、子どもの発想の自由さに大きく通じるところがあります。現に子どもは、周囲が手を出さずに見守っていると、大人でも思いつかないような遊びを始めることがあり、おおいに驚かされます。

それにもかかわらず、**大人が子どもに対して細かく指示をしたり型にはめようとしたりしているうちに、子どもに秘められた無限の創造性を奪ってしまっている**のです。

批判的思考能力こそが、情報社会を生きぬく術となる

批判的思考能力も、これからの社会で大きく重視される能力の一つです。日本語で「批判的思考能力」というと、「批判」という言葉が入っているせいか、悪い印象を持つかたもいるかもしれません。しかし、ここで「批判」というのは、**「懐疑的な姿勢で、**

対象物が正しいか否かを追求すること」という意味です。
すなわち批判的思考能力とは、**与えられた答えに対して、「本当にそうだろうか?」と疑問を持ち、「なぜそうなのか」を繰り返し問う力**なのです。

インターネットが登場してから、私たちが接する情報の量は、日増しに増える一方です。だれもが世界中の情報にアクセスできて、だれでも発信できる便利な時代になりました。しかしそれは、よく検証されていない情報や真偽が疑わしい情報もあふれているということを意味します。
数多の情報が氾濫するなかで、どの情報が正しいか、どの情報が有用かを見極める力――それこそが批判的思考能力であり、情報化社会を生き抜くための必須スキルだといえます。

一つのものごとに対して、多方面からの意見があります。たとえばコロナ禍においても、医師と経済学者で意見が真逆ということがありました。医師は「病棟が足りないから、これ以上入院患者を増やさないために緊急事態宣言を延長すべき」と主張するのに対し、経済学者は「経済が回らなければコロナで亡くなる人以上に死者が増えるのだから、経済を回すことを優先すべき」と言う。はたしてどちらが正しいのでしょうか。

この議論に、一概に正解を求めることはできません。**角度が違えば「最適解」は変わるので、どちらの情報を正とすべきかは、個人の判断に委ねられます。**しかし、なにを信じていいかわからず、入ってくる情報に右往左往するだけで身動きが取れなくなってしまうのは、非常に残念なことです。

情報の内容を吟味するためには、発信者の立場を理解することも必要です。その情報を発信すること、意見を発言することで、発信者・発言者にどんなメリットがあるのか。それを考えることで、その発言を信じるべきか否かの材料にすることができます。

先のコロナ禍の例でいえば、医師と経済学者とでは立場が違いますから、意見が異なるのも当たり前です。それを理解したうえで、**「それでは自分はどうするべきか」を自分の判断で考え、自分なりの最適解を導き出す力**――それこそが、批判的思考能力なのです。

非認知能力を伸ばす「考える力」

10の非認知能力は繋がっている

具体的な非認知能力の例として10個の能力を挙げましたが、**これらの非認知能力は個々に独立しているものではなく、互いに深く絡み合った関係**にあります。すなわち、それぞれ個別に鍛えるのではなく、連動して伸びるところが大きい能力なのです。

起業家に多い経験ですが、常識を疑うことで、従来のビジネスモデルにはないなんらかのイノベーションが引き起こされることがあります。彼らは大多数が疑問をもたず受け入れている常識を疑う「批判的思考能力」を備えると同時に、新たなものを生み出す「創造性」を発揮できたのでしょう。

同時に、「創造性」があるからこそ、問題に対する新たな解決策を見出すことができます。すなわち、「創造性」の高さが「問題解決能力」の高さに通じるのです。

このように、先に挙げたような10個の非認知能力は、それぞれ独立して存在する能力ではなく、切っても切れない関係にあるのです。

子どもの非認知能力を伸ばすにあたって難しいのは、**具体的になにをどうすればこ**

れらの能力が伸びるのか、子どもによって違うことです。

子育てに「正解」がないように、非認知能力の育成においても、万人に共通する方程式はありません。「この子はこうしたらやる気が出る」といった個々の特徴を周囲の大人がしっかり把握し、**その子に合った方法で能力を引き出し、伸ばしてあげる**必要があります。

しかし、ここでひとつ確実にいえることがあります。それは、**すべての能力の基礎となるのは「考える力」**だということです。

「考える力」、より明確にいえば「自ら主体的に考える力」が育てば、それが創造性や批判的思考能力、問題解決能力といった非認知能力に繋がってゆくのです。

それでは、「考える力」というのは、どのように伸ばせばよいのか。

そのためには、とにかく**考える機会をたくさん与える**こと。そして**日常的に、「自ら考える」という癖をつけてあげること**です。

ここでポイントとなるのは、「考える癖」を育てる前のプロセスとして、「**経験させてあげること**」と「**子どもを認めること**」の二つのアクションです。それぞれ解説してゆきましょう。

「経験」が「考える下地」になる

「考える力」を育むためには、日々の対話を効果的に使って「考える機会」を増やすことが大切です。

一斉保育にせよそうでないにせよ、大人は日常的に、子どもに対してさまざまな指示を与えるものです。「ここは危ないから走っちゃだめ」「靴を履きなさい」などと命令するのは簡単ですが、ここで立ち止まって、「どうしてここで走っちゃいけないのかな？」「なぜ、靴を履くのかな？」といったように、**子どもに考えさせるきっかけを与えてみる**のです。

「相手がなぜこんなことを言うのか」「なぜ、この行動を指示されるのか」――この考えかたこそ一種の批判的思考能力といえますが、もちろん子どもですから、その理由に至ることはできないかもしれません。子どもが考えてもわからなければ、「ここで走ると、ほかの人にぶつかるよ」「靴を履いて早く公園に行きたいからだよ」などと、大人が教えてあげる必要があります。このアクションを繰り返すことで、**子どものなかには「経験」からの「理解」や「知識」が生まれ、それをもとに「考える」という行動を自然となぞることができるようになる**のです。

こうした対話を成り立たせるには、まず子どもと大人との間に信頼関係が築かれていなければなりません。そのため、まずは親や先生などの周囲の大人が子どもを認めてあげることが、その子が自分で考えるための土台をつくるのです。

人間は、ものごとを考えるとき、自らの経験をもとに考えます。

たとえば、2本の分かれ道を前にして、「かつて右の道に行ったら行き止まりだったから、左の道をゆこう」「左の道の方向には高台があるはずだから、この先は上り坂になっているかもしれない」といったように、**経験をもとに次に取るべき行動を考えて、意思を決定できる**のです。

すなわち、**経験をたくさん持っていれば、それだけ「考える能力」が高い**ともいえるのです。

大人であれば、何十年も生きてきたのですから、経験を豊かに持っています。しかし子どもは、ものごころがついて以降の短い期間分の経験しか蓄積されていません。大人よりも「考える材料」が圧倒的に足りない状態なのです。

つまり、**子どもの「考える力」を育てたいのなら、その子にたくさんの経験を積ませてあげることが、なによりも重要**です。

周囲の大人が、「あれもだめ」「これもだめ」と子どもの意思や行動を阻害してしまえば、いつまで経っても「考える材料」は集まりません。すると結果として、「自発的に考えることができない人間」になってしまうのです。

たとえば、目の前に水たまりがあったら、大人は避けるのが普通です。なぜなら、水たまりに足を入れると服や靴が汚れることが、経験上想像できるからです。おそらくこれまで生きてきた過程、とくに子どものころに、水たまりに入って服や靴を濡らした経験をたくさん持っているかもしれません。

しかし、「水たまりに入ったら服や靴が濡れる」という経験がない子どもは、「水たまりに足を入れたらおもしろそう！」という本能的な欲求に従って、足を元気よく突っ込むことになります。結果、びしゃびしゃに濡れて不快に感じ、「靴が濡れちゃった！」と泣くことになるかもしれません。これは経験しないとわからないことであり、大人が「靴が汚れるから水たまりに入っちゃだめ」と言葉で教えるよりも、「水たまりに入ると靴が汚れて不快な思いをする」ということを、身をもって理解できるのです。

子どもは経験を繰り返すことで、ようやく知識を習得できる

ここで注意していただきたいのは、**子どもは、1回の経験だけですぐにものごとを理解できるとは限らない**ということです。

大人であれば、1回の経験からすぐに次回の行動に繋げることができますが、子どもはまだ未発達な段階ですので、経験したことを忘れてしまいます。同じことを繰り

返して、ようやく覚えることができるのです。

つまり、**子どもが1回の経験でものごとを習得しなくても、周囲の大人が忍耐強く「経験の繰り返し」に付き合ってあげることが必要**です。

大人は、子どもが失敗しないようについ先回りをしがちです。1章でお話ししたように、「間違えることが悪」という日本人独特の思い込みによる部分もあるかもしれません。あるいは、失敗することで発生する面倒な事態を避けたいという、大人都合の事情もあるように思います。

ここで、子どもが麦茶を自らコップに注ごうとしている様子を想像してみてください。高いところから勢いよくポットを傾けようとすれば、大人は「そのままだと麦茶がこぼれる！」と、未来の危険をすぐに察知できます。麦茶がこぼれたら、それを拭くのは大人の仕事で、自分の負担がよけいに発生する――こうした瞬発的な判断から、とっさに「だめ！」と子どもを止める人は多いでしょう。

あるいは、「そんなに高いところから注ごうとすると、麦茶がこぼれるから、もう少し低いところからゆっくり傾けてね」などと声をかける人もいるかもしれません。

しかしこれでは、子どもが「高いところから注ぐと麦茶がこぼれる」という事象を経験できないので、知識として根づきにくいのです。子ども自身が麦茶をこぼすという経験をしないかぎり、大人の言葉はなかなか理解できないかもしれません。

失敗しなければ、ものごとを覚えることはできない。それは、言葉の習得にも同じことがいえます。子どもは、「あー」「うー」といった喃語《なんご》しか発せなかった状態から、周囲で発せられる言葉をまねて、少しずつ発語するようになる。それからなんども間違えて、親に正されたり、周囲の会話を聞いて自ら認識を正したりしながら、だんだんと言葉を習得してゆきます。

すなわち、「失敗する経験」は、「成功する経験」と同じくらい大切なのです。**失敗するにせよ成功するにせよ、とにかく経験させること。それが「考える力」を育むために重要なプロセス**なのです。

これには、「失敗すること」に対する免疫ができるというメリットもあります。失敗経験がろくにないまま成人すると、失敗をむやみに恐れ、失敗を避けようとする意識が自然と働くようになります。

もしもあなたが絶対に失敗したくないのなら、最も簡単なのは、挑戦しないことです。とてもシンプルな論理ですが、挑戦しなければ失敗することはない。しかし同時に、もちろん成功することもありません。「失敗が怖い」——そんな意識の強い人は、自然と「挑戦しない人間」に成長しやすいともいえます。

子どもの経験を増やすために大人ができることは、なにごとも経験できる環境を整

えてあげることです。

先の例でいえば、子どもが自ら麦茶をコップに注ぎたいなら、その後の「こぼしたときの拭き掃除の手間」というリスクをなくすことを考えてみましょう。たとえば、お風呂場で挑戦させたり、床が濡れないようにシートを敷いたり、濡れてもいい服を着させたりといった対応策が考えられます。同様に、子どもが「ものを投げたい！」という意思を持っているのであれば、投げても安心なものを用意する、ものを投げても危険が及ばないスペースを用意しておくという策があります。

このように、**子どもの「やりたい！」という気持ちを認め、尊重することで、子どもは積極的に経験と学びを得られる**のです。

「認めること」は「考える力」を育むプロセスの一つ

「考える力」を育むためにもうひとつ重要なことは、「子どもを認めること」です。先の話でいえば、子どもが「これをやりたい！」と考えたら、その気持ちを認め、やらせてあげることが大切です。

ここで、例としてある男の子の話をしましょう。

彼は年長時に、私たちのミントリーフ・インターナショナル・プリスクールに転園してきました。それまで通っていた保育園では問題児扱いされていたようで、「みんなでこれをやろう！」というときに参加せず、ひとりだけどこかに行ってしまったり、まったく違う遊びをしていたりして、ことあるごとに叱られていたそうです。

ミントリーフの保育士は、「初めて彼に会ったとき、子どもなのにとても暗い表情をしていたことが印象的だった」と言います。そして転園後には、たびたび「ぼくなんていなくていい」と言い出すそうです。そんな彼に対して、担任が「ぼくなんていなくていいって、どういうこと？」と尋ねると、彼は「ここから出たい」と言って、そのままぷいっと教室から出ていってしまうこともしばしばでした。

彼の話をよく聞くと、以前通っていた保育園では、自分の準備ができていなくても「さあ、並んで」と急かされることが多かったようです。ほかにも、ちゃんと並べないと「なぜ並ばないの？」と叱られる。そうした経験の積み重ねで、彼は「自分なんていなくていい」という思考に陥ったのかもしれません。

そこで私たちは、彼のペースを見守ることにしました。たとえば、ある行動を促すさいには、「準備ができてからやってごらん」と、彼の気持ちが自然とその行動に向かうまで、待つように努めました。そして実際に、彼は少しずつ変わっていったのです。

「転園して、しばらく見ていなかったよい顔をするようになった」――しばらくして、彼の母親がそんなふうに話してくれました。

彼は、「みんなと違っていても、いいんだよ」「自分のままでいいんだよ」と繰り返し言われるうちに、だんだん自信がついたようです。自分の意思を表現することもじょうずになってゆきました。これまでは、「言うことを聞かずに泣くだけの子ども」として扱われていたのですが、「自分はこう思ったからこれをしたくなかった」「これが悲しかった」と、自分の気持ちを伝えるようになったのです。

「手のかかる問題児」であった彼は、私たちの園で過ごすうちに、やがてほかの子の気持ちをよく理解するリーダー的存在になりました。

「**子どもには百とおりある**」——これは、レッジョ・エミリア・アプローチの創始者であるローリス・マラグッツィの言葉ですが、私は保育園を経営するうえで、この言葉をたびたび噛み締めています。

ほかの子と同じことができないからといって、その子を否定しないこと。その子の言葉に耳を傾け、その子の気持ちや意思を認めること。大人側のたったこれだけの努力で、子どもはどんどん成長できる——この男の子の経験で、そのことをあらためて痛感しました。

非認知能力は「遊び」で伸びる

「考える力」を育むためには、経験を積ませることと、その子を認めることが不可欠であるというお話をしてきましたが、経験を増やすのに効率的なしかけが「遊び」です。遊びとは、とても自主的な行動です。**自分で創造力を働かせて、自分なりの遊びかたを見出す。そして、その遊びを次々に発展させていったり、集中して遊んだりといった、よい連鎖反応が生まれます。**この連鎖によって、子どもの能力を無理なく伸ばしてゆくことができるのです。

最近では、「小学校に入るまでに読み書きをある程度習得するべき」という考えかたが一般的です。しかし私は、幼児のうちからそこまで勉強に時間を割かなくてもよいと考えています。

小学校では「勉強の時間」が設けられていますから、「机に向かって勉強する」ということを学んでゆくでしょう。であれば、就学前は、勉強する術を無理に習得させなくても、たくさんの「遊び」の経験を積んで、「考える力」を伸ばすことに焦点を当てたほうがよいのではないでしょうか。

小さい子どもにとっては、**「遊び」こそ、劇的に経験値を増やすアクティビティ**なのです。

私は、「就学までに読み書きを習得させよう」という風潮じたいが、とても危険だと思います。

子どもは、興味を抱けば、驚くべきスピードでものごとを習得します。小学校に入るまでは読み書きを習っていなくても、入学して興味を抱けば、自発的に学ぼうとします。そして実は、「就学前から親の指示で読み書きを嫌々習っていた子ども」と、「就学後に自発的に読み書きを学んだ子ども」では、後者のほうが無理なく読み書きを習得できるのです。

「あの子は就学前なのに漢字が書ける」「あの子は足し算や引き算ができる」という話を聞けば、親として焦るのも無理はないことです。「小学校入学後、勉強面でほかの子どもより遅れ、苦労することになるかもしれない」——そんな焦りから、「読み書きくらいは幼児のうちに習得させなければ」と、嫌がる子どもを無理矢理机に向かわせようと、躍起になってしまうかたもいるかもしれません。

ここで、1960年代に実施されたある追跡調査の結果を紹介しましょう。幼児期に非認知能力を育む機会を多く与えられた子どもと、同時期に認知能力を育む機会を多く与えられた子どもとで、その後の行動を比較調査したのです。

この調査によれば、就学時には、やはり認知能力育成を重視した子どもは、非認知能力育成を重視された子どもよりも、学力は高い傾向が見られました。しかし、その学力の差は、8歳ころには差異が見られなくなることも報告されています。一方で、幼児期にどれだけ非認知能力を育んだかは子どもによって大きな差がありますが、その差は大人になっても簡単に埋められるものではないということが指摘されました。
この調査結果は、学力は8歳以降の努力でいくらでも差をつけることができますが、**非認知能力は、大人になって伸ばそうと思ってもなかなか難しい**ということを意味しています。さらに、幼児期に非認知能力を育む機会を与えられた子どものほうが、同時期に認知能力を育む機会を与えられた子どもよりもその後の学歴や生涯収入が高く、犯罪率が低いといった結果も報告されました。

小学校に入学する6歳までの時期に、学力などの認知能力を育む努力をするべきか、非認知能力を育む努力をすべきか——その答えは明らかです。だからこそ、**就学前に無理して学力をつけようとせずに、遊びの機会をたくさん与えて経験を増やし、非認知能力を伸ばすことに注力したほうがよい**。私はそう考えています。

「アクティブ・ラーニング」が推進される理由とは？

社会が変化すれば、必要な教育も変わる

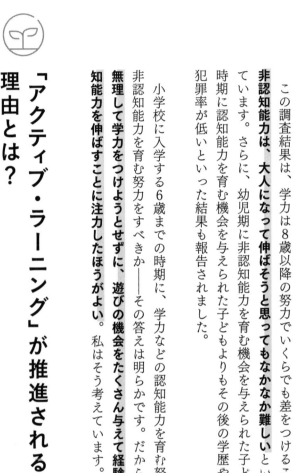

1章で述べたように、私たちの社会はものすごいスピードで変化しています。とくにテクノロジーの進化には目を見張るものがあり、100年前は文章を打つのにタイプライターを使っていたのが、いまではパソコンを使うようになりました。黒電話や街中にあった公衆電話が影を潜め、老若男女がスマートフォンを持っています。

こうした変化に応じて、私たちの生活スタイルや考えかたも自然と変わります。コロナショックを経て個人の「働きかた」に対する意識が大きく変わったように、**ある進化に合わせること、柔軟に対応することで、人間じたいもさらに進化することができる**のです。

この100年間で社会におけるあらゆるものが大きく変わりましたが、実は教育スタイルは、かつてとほとんど変わっていないという実状があります。

88ページの図4は、約100年前の教室風景と現代の教室風景です。いまも昔も、先生が教壇に立ち、生徒たちが一斉に先生のほうを向いて授業を聞いていますが、このスタイルが100年近くも続いているのです。

もちろん教育の分野でも、ICT教育が取り入れられたり、英語やプログラミングを教えるようになったりと、ツール面やカリキュラム面では変化が見られます。しかし、「先生が一方的に授業をして生徒は受け身で先生の話を聞く」というパッシブ・

図4　約100年前の教室風景と現代の教室風景を比較すると？

西東京市図書館所蔵「田無尋常高等小学校　授業風景」（1936年2月21日）

出典：yanmo / PIXTA(ピクスタ)

ラーニング的なスタイルがずっと定着しているわけです。テクノロジーや生活スタイルはどんどん進化しているのに、なぜ教育スタイルだけは、こうも変わらないのか。なぜ、時代の変化に伴って、「よりよい教育方法」を求めようとしないのでしょうか。

子どもが将来的に幸せに生きてゆけるようにするためには、**時代の変化に即した能力を育み、そのための教育内容や教育のアプローチも、必然的に変えてゆくことが必要**です。しかし日本では、この100年以上もの間、そうした努力はあまりなされなかったようです。

保育指針が10年ぶりに改定されたが……

2018年には、保育所保育指針が10年ぶりに改定されました。改定点はいろいろありますが、大きな変更は、「主体性を持った子どもを育てましょう」という内容が加わったことです。「自分で考えて行動できる子どもを育てるべきだ」という、いわば「非認知能力の向上」が、国の大きな方針として、教育のゴールに定められたのです。

この流れを受けて2020年には、小学校の学習指導要領も改訂されました。いずれにおいても、非認知能力を向上させる手法として「アクティブ・ラーニング」という考えかたについて言及され、大きな注目を集めるようになりました。

「アクティブ・ラーニング」とは、従来の「受動的な授業・学習」とは異なり、**「積極的・能動的な授業・学習」を重視する教育方式**です。詳しくはのちに解説しますが、アクティブ・ラーニングにおいては、一斉保育方式と異なり、個々の子どもの意思や自発性が重視されるので、非認知能力を伸ばしやすい方式といえます。

アクティブ・ラーニングの推進や非認知能力向上という大きな流れじたいは、非常に素晴らしいことです。しかしここで問題となるのは、**いずれにおいてもアクティブ・ラーニングの具体的な手法については述べられていない**ことなのです。

先に述べたように、非認知能力を育てる方法は、子どもによって異なります。具体的にどうすればよいのかという「方程式」が存在しない以上、国としても具体的な手法を提言することができないという事情があるわけですが、そのためにそれぞれの保育園や幼稚園、学校の「自主性」が求められることになります。

すなわち、「アクティブ・ラーニングを行なえ」という指令だけがあり、そのための具体的なアクションは、丸投げともいえる状態で個々の園や学校に一任されているのです。

現在の保育士や教師のかたがたは、時代的に、一斉保育と詰め込み式教育で育てられた世代です。つまり、**アクティブ・ラーニングという教育方式や非認知能力向上と**

いうアプローチは、彼らにとって未知の経験ですから、具体的な方法がまったくわからない状態にあるといえます。

くわえて、これまでの保育士経験が長い人ほど、新しい考えかたを受け入れるのに抵抗を感じるものです。

アクティブ・ラーニングは、それまでの一斉保育的な方針とは真逆ともいえる方式ですから、これまで自分がやってきたことを急に捨て去るというのはなかなか難しいものです。なかには、まるで自分の保育士人生を否定されているかのように感じ、この新しい方針に対して感情的に強く反発する人もいるかもしれません。

「ゆとり教育」が失敗した理由とは

1980年代から段階的に進められた「ゆとり教育」は、子どもの考える力を育てる時間を確保するために、学校で学ぶ内容を厳選するという取り組みでした。しかし、最終的にはゆとり教育による学力低下が問題視され、2011年3月に終わりを告げました。

なぜ、日本の「ゆとり教育」は失敗したのか。**それは、そのベースとなりうるオルタナティブ教育の意義が正確に理解されていなかった**からではないかと思います。

「オルタナティブ教育」とは、「**従来とは異なる教育手法**」を意味します。レッジョ・エミリア・アプローチやモンテッソーリ教育などもこれに該当するアプローチですが、いずれにせよ子どもの「自主性」や「考える力」の育成を重視するという共通点があり、**「これまでとは違った方法を積極的に採用し、子どもの非認知能力を伸ばそう」という前提に立った教育方式**だといえます。

「ゆとり教育」が問題視されるきっかけとなったのは、子どもたちの学力が下がったことでした。しかし世界的には、教育においては認知能力よりも非認知能力を重視する傾向が顕著であり、とくに欧米では長年にわたってそのための教育的な取り組みがなされています。いわば、オルタナティブ教育的な発想にもとづいた「ゆとり教育」は、非認知能力を高めることを最終的に目指していたにもかかわらず、その効果を学力という認知能力だけで測ろうとしたわけですが、これは非常に矛盾したことです。

実際に、「ゆとり教育」では授業の時間が大きく減らされましたが、これは「一方的に教えられる時間よりも、自分で考える時間を増やす」という目的がありました。すなわち、それまでよりも知識をインプットする時間が減ったのですから、学力が落ちるのは当然のことです。しかしそのぶん、子どもたちの「考える力」が上がったのかどうか、その変化に着目すべきだったと思います。

非認知能力というのは、テストでは優劣を測れない力であり、「あなたの問題解決能力は、5段階評価のうち4に該当します」といったように、明確に数値化できるものではありません。ましてや、**認知能力を測ることを目的とした学力テストの結果に、ゆとり教育の効果が表れるはずはない**のです。

日本の教育現場では、ゆとり教育に移行する前は、高度経済成長期以来の一斉教育が行なわれていました。もしもゆとり教育が始まったタイミングで、アクティブ・ラーニングへとじょうずに舵を切っていたら、現在の日本の教育現場はより時代に即したものとなり、子どもたちはもっと豊かに過ごしていたかもしれません。

主体的に学べば、学問はおもしろい!

これまでの日本が採用していた学習方式は、決められた枠組みに沿って進め、あらかじめ定められた一つの正解を導き出すためのものでした。しかしアクティブ・ラーニングは、そういった**枠組みをいっさい外して、学習する本人が自らの力で進めてゆく学習方法**です。この方式においては、先生はそれを効果的にサポートする役割を担います。

この学習方法は、**学ぶ側にとって学問をよりおもしろいものにする**という効果も期待できます。

私は学生時代、歴史の授業が最も嫌いでした。教科書に掲載された年号を覚えることに、まったく興味を持てなかったからです。しかし成人すると、歴史にとても興味を持つようになりました。「何年になにがあったのか」という事実を覚えるのではなく、その時代背景のなかで、その人物がどのように考えてその行動をとったのか――それを考えるプロセスをとてもおもしろく感じたのです。

これは歴史の勉強ではありますが、心理学の要素も含んでいて、実生活にもおおいに役立つ知識を得られました。歴史というのは「年号」を覚えるものではなく、「過去の出来ごと」や「過去に生きた人間の考えや行動」から現代に役立つ知見を得るためのものだということを、ようやく理解できたのです。歴史を学ぶ本来の意味は、その点にあるはずです。


現代の日本の歴史教育では、教科書に書かれたことを覚え、どのくらい正確に記憶できたかをテストで測るというアプローチが一般的です。私は歴史の勉強において、「過去の人間の行動」に最も興味を覚え、それを起点として歴史を積極的に学びはじめましたが、歴史を学ぶアプローチは、一人ひとり違うはずです。しかし実際には、個人のそうした興味や意思は認められず、「これを覚えなさい」「このように学びなさい」と強いられることになる。これでは、歴史を嫌いになるのもしかたがないのではないでしょうか。

たとえば、マンガが好きなのであれば、歴史もののマンガをその出発点にしてもいい。人間ドラマが好きなら、興味を持てるひとりの人物に焦点を当て、その人物を起点にして知識を広げるという方法もあります。自分の興味が自然と広がるアプローチを見つけることができれば、無理なく学習することができます。先生の役割は、興味を持てそうな切り口をできるかぎりたくさん提示して、生徒たちが自分なりの興味をとことん追究できるようにサポートすることなのです。

これは、アクティブ・ラーニングの真髄でもあります。自発的に学び、自発的に考えること――それを習得して勉強する子どもは、対象となる学問を、自分の血肉にすることができるでしょう。

大人自身のマインドを改革しよう

真に変わるべきは大人である

子どもの非認知能力を伸ばそうという傾向が強くなってきたいま、あらためて考えるのは、まずは大人自身が変わらなければならないということです。

子どもは、大人の行動や言葉をまねして成長するものです。その論理でいえば、子どもの「考える力」を伸ばすためには、周囲の大人が「考える癖」をつけることが重要なのです。

子どもは、しっかりものごとを考える大人の姿を見てまねようとすることで、「考える」という行動を自然と習得してくれるかもしれません。「主体的に行動しましょう」「批判的思考で考えましょう」などと言葉で伝えるよりも、よほど効果があります。なにより、大人に「考える力」がないのに、子どもにだけそれを強いるのは、無理があります。

すなわち、**子どもの非認知能力を育てる過程では、大人自身の非認知能力が試されているのです。**

保育現場においても、同じことがいえます。子どもの「考える力」を育むために、保育士はどのように子どもに接すればよいか。それを保育士自らが考え、行動することが求められます。**定められた「保育計画」になんの疑問も抱かず、上司に言われたとおりに保育しているようでは、子どもに「考える力」を身につけさせるのは難しい**でしょう。

昔からの「慣習」がまかり通っている園も散見されますが、そうした慣習的な仕組みに対して疑問を抱いても、それを打ちこわしにくいという実情もあります。現実問題として、園長やベテランなど一部の職員の発言権は非常に大きく、若手保育士が新たな仕組みや方法を提案しても、なかなか受け入れられにくいのです。現場の保育士が自分で考えて試行錯誤しにくい環境にあるのです。

国や上司が新たな指針や方針を打ち出し、保育マニュアルはどんどん分厚くなる。想定外の事態が起こったときには、どのように対応したらよいのか、そのつど上長に確認して指示を仰ぐ。保育士のそのような姿を見て育つ子どもたちは、はたして「自主的に考える力」が伸ばすことができるのでしょうか。

これには、経営上の問題も関係しています。フランチャイズで運営されている保育園では、チェーン本部と現場との関係性が保育士の働きかたに大きく影響しています。本部としては、ビジネスとして利益を上げなければならない。一方で、子どもに日々直接触れ合う現場では、目指すところに乖離が生じがちです。場合によっては、深刻な対立関係に陥ることもあります。

現場のトップでもある園長が、現場責任者として裁量をしっかり認められ、園長の取り組みを本部がサポートするという関係性であれば、現場と本部とが共通認識を持ったよい保育園だと思います。しかし残念ながら、実際には園長にはほとんど裁量がないというケースも少なくないのです。このような保育園運営本部と保育園園長の距離、園長と現場の保育士との関係性は、そのまま保育士と子どもの関係にまで影響する可能性があります。

大切なのは、本部は園長を信頼し、ちゃんとした裁量を与えること。園長は現場の保育士の自主性を認め、子どものためにどうすればよいのかを自ら考えて動いてもらうことが必要です。これによって、どんな変化が訪れても「自分で考える力」をもって柔軟に対応できる保育園を運営することができます。そしてなにより、「自分で考える子ども」が育つことに繋がるのです。

「子ども」をどう捉えるか

私たち大人は、「子ども」という存在に対する捉えかたをも変える必要があります。当たり前のことですが、子どもは個々の人格を持つひとりの人間です。頭ではそうわかっていても、実際には親の所有物や付属物として捉えてしまう人も多いように思います。**「親の言うことを聞きなさい」という言葉はその典型例で、これには子どもを付属物と捉えて、親に従属させようという意識が現れている**ように思います。

もちろん、親として悪気はまったくなく、「子どもをよりよく育てるために、言うことを聞いてほしい」と純粋に考えているかもしれません。しかし結果として、**子どもの意思や考えを尊重せずに上から目線で指示するというのは、こうした意識がすくなからず内在している**所以だと感じています。

親のなかには、子どもを自分の分身のように思っている人もいます。とくに母親であれば、出産というたいへんな経験を経て自分のおなかから出てきた子どもですから、自分を投影してしまうのも無理はないのかもしれません。子どもに自分と似ているところがあれば、その意識は高まるように見受けられます。

たとえば、「自分が昔やりたくてもできなかったことを、子どもにさせたい」という話をよく聞きます。それは習いごとかもしれませんし、叶わなかった将来の夢かもしれません。とくに習いごとは、「ずっとピアノをやりたかったのに、自分では実現できなかったから、子どもにその夢を託したい！」「泳げないのがずっとコンプレックスだったから、子どもには早くから水泳を習わせたい！」――こうした思いから、子どもの「やりたいこと」を無視して親の好みで習いごとを決めるという人は多いのです。

しかし、子どもは親とは異なる人格をもった、ひとりの人間です。だからこそ**子どもの意思や考えはちゃんと尊重されるべきであり、子どもの人生はその子だけのものなの**です。その意識をしっかり認識していなければ、子どもを大人の思いどおりにしようとしてしまうことになりますが、そのような「大人の都合」を押しつけることは、決して子どものためにはならないのです。

レッジョ・エミリア・アプローチでは、子どもを「**生まれながらにして有能な存在**」

と捉えています。創始者のローリス・マラグッツィは次のように述べています。

私たちの〝子ども〟のイメージとは、強く、活力にあふれ、豊かな能力を持ち、他の子どもや、大人と繋がることを強く求めている、そういう存在です。彼らはものごとを観察し、経験を蓄積し、仮説を立て、答えを導き出し、それをさまざまな言葉で（音声表現にかぎらず）表現し、それを通じて、この世界と繋がる能力を備えているのです。

つまり、**適切な材料や時間、空間といった環境を与えてあげれば、大人が手取り足取り教えなくても、子どもたちは自分で考え、それを発展させていくことができる**と捉えられています。

同時に、レッジョ・エミリア・アプローチでは、子どもに対しても大人と同じように権利が保証されなければならないとしています。具体的には、自分の考えを自由に表現する権利と、それが尊重される権利です。

子どもは、大人が思うよりも万能

多くの大人たちは、子どもを「未熟な存在」だと考えています。しかし、私は日々たくさんの子どもたちと接するなかで、大人たちが思う以上に子どもは能力が高いこと、つまり「できること」が多いことを痛感しています。

子どもを「未熟」と思い込んでいると、「この子はまだ小さいから、できないだろう」——そんな意識で子どもの意思や行動を制限することに繋がります。それを繰り返していると、子どもは経験する機会をどんどん失い、結果としてなにもできない、なにも考えられない子どもになってしまいます。

先にハサミの例を挙げましたが、たとえ3歳ほどでも、大人がちゃんと教えれば、電動ノコギリや電動ドリルを扱える子もいます。しかし、一般的な家庭や保育現場では、「電ノコを使うのは危険」と頭ごなしに決めつけて使う機会を与えないというのが普通です。

しかし、はたして子どもが電ノコを使うということは、本当に危険なことなのでしょうか。

もちろん、子どもが勝手に電ノコを使うと、操作した経験もろくに持たず、正しい方法を理解していないために、大ケガに繋がる可能性は極めて高いでしょう。そのような状態で子どもに電ノコを与えるべきでは決してありません。しかし、子どもが「危険を回避させる能力」をちゃんと備えていて、危険に対する「対応力」のある大人が近くにいれば、挑戦させてもなんの問題もありません。

すなわち、**子どもの可能性を広げてあげられるかどうかは、周囲で見守る大人の能**

力に大きくかかっているのです。

先のハサミの話も同じです。子どもにハサミを扱わせるときに、なにか危険が迫っても助けられる知識や技術を持つ大人がそばで見守っているなら、その子が1歳でも2歳でも、どんどんハサミに挑戦してもいいのです。逆にいえば、なにか起こったときに対応できる能力がないのなら、ハサミを扱わせるべきではありません。

子どもにとっては、あらゆる「モノ」が「遊び」となりえます。**見たことのないものやおもしろそうなものに興味を抱くエネルギー、それは「創造性」そのもの**です。

電ノコやハサミにかかわらず、大人は、その「モノ」によってどのような危険な事態が起こりえるかを事前にしっかり想定し、そのときに自分が対応できるかどうかを考えてから、子どもに与える必要があります。

繰り返し手本を見せること、辛抱強く「習得」を待つこと

もしも子どもがハサミに挑戦しているときに「危ない！」という事態に陥ったら、すぐさま制止して、危険でない方法を提案してあげることが必要です。そのときに大切なことは、「そんな使いかたはダメだよ！」と頭ごなしに否定するのではなく、「そんなふうに使ったら、どうなると思う？」「そんな使いかただと、こんな危険があるよ」「だから、こう切ったらいいよ」と、**子どもに考える機会を与えつつ、「ダメの理由」**

を教えてあげることです。

大人が正しい使いかたを見せてあげることも有効です。子どもは大人のまねをして成長するものです。もちろん、1回のお手本ではすぐに習得できませんから、大人が面倒がらず、なんども繰り返し見せてあげることが大切です。これを繰り返すうちに、子どもは成長していくのです。

実際に手を切ってケガをした経験をしていない子どもは、「危ないからこう切ろうね」と言っても、その痛みを想像できず、理解できないかもしれません。ものごとを理解するためには経験することが最も大切ですが、危険な経験は無理に与える必要はありません。

その場合は、深刻な危害には至らない、類似の経験をさせてあげるという方法もあります。あるいは、その子の「痛い思いをした経験」を引き合いに出して、「危ない」ということを教えるのもよいでしょう。

たとえば、熱湯を触ったことがない子は、その「熱さ」や「痛み」を経験していないので、「熱いから危ないよ」と言ってもその言葉を理解することができません。そこで、やけどしない程度の熱いお湯を触らせてあげて、「熱い」という経験や認識を与えれば、子どもは「熱湯に触ると熱いから危険」ということを素直に理解してくれます。

いずれにせよ、子どもの遊びや挑戦を見守る大人自身の「危険を察知する能力」「思わぬ事態に瞬時に対応する力」が大きく求められます。

その能力を大人がしっかり備え、「この子にはできない」という思い込みを捨てること。そして、子どもを放置するのではなく、彼らの行動をしっかり見守り、どんどん挑戦させること——これこそが、子どもの経験を増やし、「考える力」やさまざまな非認知能力を無限に伸ばす方法なのです。

3章

「自分で考える力」を無理なく伸ばす
レッジョ・エミリア・アプローチと
ミントリーフ・メソッドの秘密

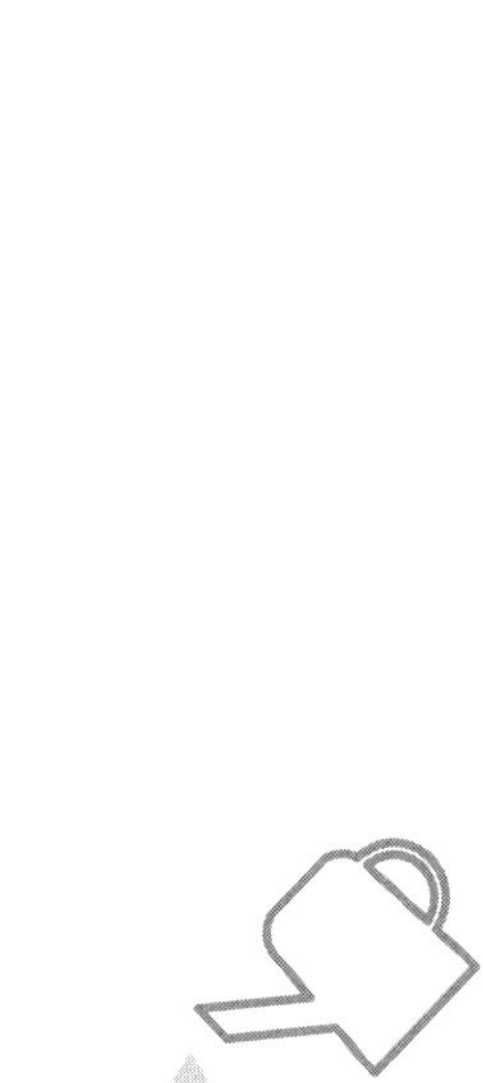

レッジョ・エミリア式保育とは？

子どもの非認知能力を育むのに最適な幼児教育の手法が、レッジョ・エミリア・アプローチ（以下、レッジョ・アプローチ）です。本章では、イタリアで生まれたレッジョ・アプローチと、そこから私たちが派生させたミントリーフ・メソッドの具体的な手法について解説します。

イタリア発の最先端幼児教育

イタリア発の幼児教育法といえば、藤井聡太棋士が受けていたことで大きな注目を集めた「モンテッソーリ教育」を最初に思い浮かべるかたが多いかもしれません。実際、モンテッソーリ教育と比較されることも多く、まずは両者の違いを把握しておきましょう。

モンテッソーリ教育は、１９０７年にマリア・モンテッソーリが建てた「子どもの家」で実践されはじめた教育手法で、１００年以上もの古い歴史と実績を持つアプローチです。一方の、レッジョ・アプローチはやや新しい手法で、その始まりは第二次世界大戦が終わった１９４５年のこと。北イタリアのレッジョ・エミリア市という小さな都市に、これまでの教育に疑問を持った教師や街の人たちが幼児教育のための学校を新しくつくったことが発端でした。

モンテッソーリ教育では、「個の力」を伸ばすことを最大のゴールとしています。それはレッジョ・アプローチにも共通していますが、同アプローチではそこに「社会」という考えかたが加わります。

前者では「一つのことを集中して取り組ませる環境」を設けますが、レッジョ・アプローチにおいては、子どもがほかの子どもたちと関わる機会をたくさん設けます。**グループワークや対話の機会を積極的に増やし、子どもたちに独自の「社会」を築かせるというねらい**があります。

教具にも違いがあります。モンテッソーリ教育では、遊びかたが定められた知育玩具がしばしば使われますが、そうしたものはレッジョ・アプローチには存在しません。レッジョ・アプローチでは、子どもの「創造性」を伸ばすことにも大きく注力しているからです。

1991年に、アメリカのニューズウィーク誌でレッジョ・アプローチを採用している幼児学校が「世界で最も革新的な学校」と紹介されたことをきっかけに、当アプローチが世界中に知られることとなりました。これには、Googleやディズニーといった世界的企業の社内保育所で採用されたことも大きく影響しています。世界最高峰の人材が集まるイノベーティブな企業で、その社員たちが「自分たちの子どもに受けさせたい」「子どもの将来に必要な能力を伸ばせる教育」として選んだのが、レッジョ・アプローチだったのです。

実際に、アメリカではいまやモンテッソーリ教育よりもレッジョ・アプローチが主流であり、同アプローチを導入する学校は急速に増加しつつあります。

どんなときにも、子どもが中心！

日本の教育とレッジョ・アプローチが大きく違うところは、「子ども中心」という考えかたです。**子どもに無理やりなにかをさせるのではなく、どんなときにも子どもの意思を尊重し、それにもとづいて行動させる**のです。

日本の保育現場でよく見られるのは、「いまは音楽の時間だから、みんなでお歌を歌いましょう」と、子どもたち全員に歌わせる光景です。歌わない子がいれば「みんなと一緒に歌おうね」と促し、それでも歌わなければ「どうしてみんなと同じことができないの」と、「できない子」のレッテルが貼られてしまう。2章で取り上げた男の子の話とまったく同じ状況ですが、結果として親が先生から「○○くんは協調性がないですね」と注意を受けるケースも少なくありません。

レッジョ・アプローチにおいては、たとえ歌わない子がいても、**「歌わない子は歌いたくない理由があるのだから、歌わなくていい」**と考えます。「なぜ、歌いたくないの？」と理由を聞いて子どもと話し合うことはあっても、無理強いすることはなく、あくまで子どもの自主性にもとづいた活動を促します。

こうした取り組みの前提には、**「みんなと同じことができることよりも、自分で考えることのほうが大切」**という考えかたがあります。だからこそ、その子が自分でしっかり考えて出した結論を尊重するのです。

「ほかの子と同じことをしてほしい」「いまはこれをしてほしい」というのは、たいていは大人の都合です。「みんなで同じ活動をするほうが管理しやすいから、子どもにも大人の思惑どおりに動いてほしい」――そのように、大人はついつい自己都合を押しつけてしまいがちです。

しかし、このように本人の気持ちを脇に置いて、大人の指示どおりに行動させることは、子どもの「自ら考える力」を奪うことになります。つまり、「大人の言うことを聞いておけばいい」という思考停止状態に陥らせてしまうのです。

レッジョ・アプローチでは、日々の活動も、本人がやりたいことを自由に取り組ませます。ここで注意していただきたいのは、**「自由にさせること」**と**「放任」**とを混同

してはいけないということです。

同アプローチにおいて、大人は子どもが「やりたいこと」をたくさん見つけられる環境を整えます。そして、子どもの自由な活動を観察し、記録し、活動の幅が広がるように刺激を与える存在でもあります。同時に、子どもがほかの子どもとの社会を築けるようにサポートする役割を担っています。

「したいことをさせる」ということは、発達上にも大きなメリットがあります。2章では、乳幼児のうちから読み書きを学ばせるべきだという最近の風潮について述べましたが、その話と同じように、**「やりたくないこと」を無理にさせても、その子の身にならない**からです。

自分がやりたいことに対しては、子どもはすさまじい集中力を見せます。そんなときは、大人は彼らの邪魔をせず、見守ることに徹する。なんらかの危険が発生しそうになったときのみ、制止に入ればよいのです。

アイデンティティを主張しやすい環境をつくる

ほかの人と同じであることを押しつけないことは、最近問題視されているLGBTの観点からもメリットがあります。

男の子なのにピンクが好きだったり、女の子のような洋服が好きだったりして、それをアイデンティティとして受け入れる大人の姿勢がなければ、子どもはつらい幼少期を過ごさなければいけなくなります。自分が体験していないことを理解することは、非常に難しいものですが、**たとえ理解できなくても、その子の個性を受け入れる**ということ。すなわち、子どもが自分のアイデンティティを安心して主張できる環境を整えてあげることが、大人の役割なのです。

そういった環境をつくるには、**「一人ひとりが違って当然」という、個を尊重する考えかたが根幹に必要**です。

レッジョ・アプローチから生まれたミントリーフ・メソッド

「地域性」を取り入れて広がるレッジョ・アプローチの発展

これからの社会を生きていく子どもたちには、非認知能力が必要不可欠です。しかし、非認知能力を育てるような教育を受けてきていない日本の大人たちは、どうしたら子どもの非認知能力を伸ばせるのか、その方法がわかりません。

私はミントリーフを開園するにあたって、子どもの非認知能力を伸ばす方法を海外の保育・教育現場から学ぶことにしました。しかし、海外の常識や生活習慣、文化を日本人にそのまま適用するには無理があります。アメリカやアジアの国々でも、レッジョ・アプローチは急速に広がっていますが、彼らは**イタリア発のこのアプローチを、自分たちの地域の特性や文化に合うようアレンジし、独自の方式を編み出しています。**

そこで私は、レッジョ・アプローチをベースとして、日本人独自の考えかたや環境、生活スタイルをふまえて、「ミントリーフ・メソッド」というアプローチをつくったのです。

ミントリーフ・メソッドは、レッジョ・アプローチとどのように異なるのか。たとえば、レッジョ・アプローチ方式の保育園には「アトリエスタ」というアート専門の先生と、「ペダゴジスタ」という保育専門の先生がいます。アトリエスタは、子どもの創作活動をサポートする役割を担います。

私たちの園では、こうしたアートを専属で担当する保育士は存在しません。それには、日本の認可保育園は補助金で運営が成り立っているケースが多く、保育士の人件費は補助されても、「アート担当」の先生の人件費は補助されないという、運営費用上の事情があります。保護者からそのぶんの費用をいただくという方法もありますが、私たちとしては「よい教育を安く提供したい」という思いがあるので、アート専門の先生を雇っていません。日々の保育においてアートに関する活動は行ないますが、代わりに保育士が子どもたちのアート活動もサポートします。

ほかにも、小さいところでは、イタリアの教室にはドアがないけれど、日本では安全の観点でドアを設けるといった点が異なりますが、基本的にはレッジョ・アプローチと同じ取り組みを実施しています。

教育メソッドは「哲学」そのもの

私たちの保育において、レッジョ・アプローチをどのように採用しているのか。そのためには、このアプローチの「哲学」を理解する必要があります。その哲学は、保育手法を国や文化などの背景によって柔軟にアレンジして実践しなければ、子どもたちに浸透しません。ベストな方法は時代の変化によっても変わりますので、私たちは保育手法を常に「これでいいのか?」と見直し、アップデートしています。

教育メソッドは、個々の子どもによっても「合う」「合わない」があり、「これが正解」というものが存在しないぶん、試行錯誤をして状況に応じて柔軟に変えていく姿勢が不可欠です。そのためには、**このアプローチに関わる大人自身も「非認知能力」――つまり「自ら考える力」を備えなければなりません。**

たとえば、最近ではiPadなどのタブレットと子どもとをどのように付き合わせるべきかという問題があります。いまやタブレットは日常生活に欠かせないツールの一つであり、これからの社会で生きてゆく子どもたちも、ゆくゆくは使いこなせるようにならなければなりません。

それでは、何歳からタブレットを与えるべきか。その答えは、レッジョ・アプローチの本には書いてありません。保育士たちが議論して答えを導くのです。

「医学的には、2歳までは目に悪い影響を与えるので、使わせないほうがよいのではないか」

「1歳半ごろは、ものごとに対して目覚ましい吸収力を見せる時期なので、そのころに与えたほうがよいのではないか」

このように、それぞれの意見を交わして方針を決めるのです。

これはほんの一例ですが、「このような場合はこうしなさい」と、対処法が明確に定められたメソッドのほうが実用的と考える人もいるかもしれません。しかし、**定められていないケースが発生したときや時代が変わったときに応用できず、右往左往することになりかねません。**だからこそ、子どもに関わる大人自らが解決策を考え、対応する力が必要なのです。

現代においては、教育に関する新しい研究結果がどんどん発表されます。最新の論文からのアカデミックな「知識」と、現場で蓄積されていく子どもたちとの「経験」を両輪として増やしていき、保育手法を更新することで、ベストな方法に行き着くことができるのです。

感性に働きかけるアートの力

ビジネス界でもアートの能力が注目されている

レッジョ・アプローチの根幹をなす取り組みの一つに、「アート活動」があります。当アプローチにおいて子どもたちは、木材や枯れ葉、粘土、プラスチックといったほんものの素材、すなわち「子どものために用意されたものではないもの」を使い、それぞれの自由な発想で自分だけのアートをつくります。

これはもともと、レッジョ・アプローチが誕生したイタリアが、アートに馴染みのある国であることが関係しています。しかし近年では、**ビジネス界においても「アート」という概念が注目**されるようになってきたのです。

近年、「STEAM教育」という教育概念が注目されています。これからの世界を生きる子どもたちに必要な教育を求めた結果、次の言葉の頭文字をとって考案された造語です。

Science（科学）
Technology（技術）
Engineering（工学）
Arts（アート）
Mathematics（数学）

かつては「ＳＴＥＭ教育」、すなわち「科学」「技術」「工学」「数学」を分野横断的に学習する教育が重視されていました。しかし、この４つの学習分野だけでは論理的で収束思考の能力しか育めないという懸念から、創造的で拡散思考の「アート」が加わったのです。**ＳＴＥＡＭ教育は、創造的かつ論理的な思考能力をもって、実生活での課題を解決できる子どもを育てる教育手法**とされています。

ＳＴＥＭ（ＳＴＥＡＭ）教育をどこよりも早く打ち出したアメリカには、ＳＴＡＥＭに重点を置いた課題解決型のプロジェクトで学びを深める「ハイテックハイ（High Tech High）」という有名な公立校があります。中国でも、２０１３年に設立されたMakeblock社が、学校や家庭の教育に使えるロボットやソフトウェアを開発し、ＳＴＥＡＭ教育の浸透に一役買っています。そして日本でも、ＳＴＥＡＭ教育は少しずつ広がりを見せています。

その一例として、2011年から国立研究開発法人科学技術振興機構が開催している「科学の甲子園」が挙げられるでしょう。この甲子園は、高校生が理科・数学・情報などの分野の問題を解く筆記試験と、科学技術を総合的に活用した実験・実習・考察を競うものです。参加した高校生たちは、地震波のグラフを読み解いて震源の深さや発生時刻を求めるといった問題に取り組むのですが、これは「実践的な課題解決型思考」を問うものであり、STEAM教育と同じ哲学があります。

最近では、家庭用教材として、小さいころから楽しくプログラミングに親しめるゲームやロボットプログラミング教材が売られるようになりました。どのように動かそうかと考えるときには創造力が、実際に意図したとおりに動かすには論理的思考力が必要となるので、STEAM教育の能力が総合的に開発されるというわけです。

長年の間、ビジネスにおいてはMBA（経営学修士）を持っている人がエリートだといわれて重宝されてきました。しかし、ここ10年はMFA（美術学修士）を持った人が求められるようになってきています。先に述べたように、これからの時代には、論理的にものごとを考えるような種の仕事は、AIで充分に代替できます。**論理性に秀でた人材よりも、クリエイティブ性を備えた人材のほうが求められる**という表れでもあります。実際、アップル創業者のスティーブ・ジョブズ氏や、YouTube共同創業者のチャド・ハーリー氏が、かつてアートを学んでいたという例もあります。

アートとは、感性を育てる学問です。たとえば、レッジョ・アプローチでは、0歳児からハンドペイントをさせます。水の量によってインクがどろどろするかサラサラするかが変わり、複数の色を混ぜたら新たな色が生まれ、絵の具を重ねたところは色が厚くなり……。このように、**五感を使って習得するそれら一つひとつの経験が、子どもの感性を豊かにしてくれる**のです。

この取り組みにおいては、「黄色と青色を混ぜたら緑色になる」といったように、定められた「ゴール」は存在しません。子どもの自由意思にもとづいて、絵の具を混ぜたときに偶然に生まれる色があり、画用紙の上を水が流れて偶然にできた線がある。「アート」においては、そのような「偶然の産物」をかけがえのない作品と捉えます。

予想外の結果が発生したり、意図したものでなくてもよい結果が得られたりといったこともしばしばですが、そうした経験のすべてが子どもの「学び」となりえます。それは転じて、「これがはたして最適解なのか？」という思考癖にも繋がってゆきます。

子どもの思考を狭めないアート指導のポイント

アート活動を通じて子どもの感性を伸ばすためには、なによりもまず、子どもの創作活動を型にはめ込まないことが重要です。

子どもが描く絵というのは、総じてなにを描いたのかが読み取れないことが多いものですが、そんなときに大人は「これはなにを描いたの？」と聞いてしまいがちです。

しかしこの質問は、子どもの思考を狭める危険性があります。

ここで意識しなければならないことは、**子どもは、なにか決まったコンセプトにもとづいて絵を描く必要はまったくない**ということです。子どもは、「絵を描く」という行動においてただ絵の具の感触で遊んでいるだけかもしれないし、「線を引く」という動作を楽しんでいるだけかもしれません。

子どもの描いた作品を認める一つの方法として、子どもがしていることを描写してあげるという手法があります。つまり、「線をたくさん引いたね」「丸を描いたね」「緑色がたくさんだね」というように、事実を述べてあげるのです。これは、「子どもの描いたものを認める」という点でとても効果的であり、「なにかを描かなければならない」という圧力にはなりません。くわえて、「線」「丸」「緑」などと、子どもが描いたものから言葉の概念を教えることもできます。

同様に、子どものアート作品をほめるときにも、注意が必要です。

なかには、どんなときにも「素晴らしい絵だね」とほめる先生もいます。しかし、子ども自身が描いた絵に納得していない場合もあるのです。ほめられるよりも、「どうすればもっと上達できるか」を知りたがっている可能性もあります。

どのような言葉をかけてあげればいいかは、そのときの子どもの様子をしっかり観察して考えなければなりません。ここでも大人の「考える力」が求められるわけですが、先のような場合には絵の出来ではなく、子どもの努力をほめるのがよいでしょう。「この前よりも、とても細かくていねいに描けているね」といったように、その子の努力を認めてあげれば、子どものモチベーションはますます高まります。

ほめることはとても大切ですが、どんな作品に対しても「きれいだね」「すごいね」とほめつづけると、子どもたちは「もっとうまくやろう！」という気持ちを得られません。**「もっと」という気持ちは、成長するためには不可欠**です。その気持ちが子どものなかに自然と生まれるよう、大人の声がけによってサポートしてあげるのです。

子どもが好きなことに集中できる環境をつくる

さまざまな「子どもの興味」を引き出すコーナー保育の魅力

レッジョ・アプローチにおいては、それぞれの子が興味のあることに自由に取り組めるような配慮のもとに保育環境が設計されています。この取り組みを「コーナー保育」と呼びます（図5）。

子どもが自由に移動できる一つのフロア内に、体を動かして遊ぶ場所があったり、

図5　「子どもの興味」を引き出す環境は？

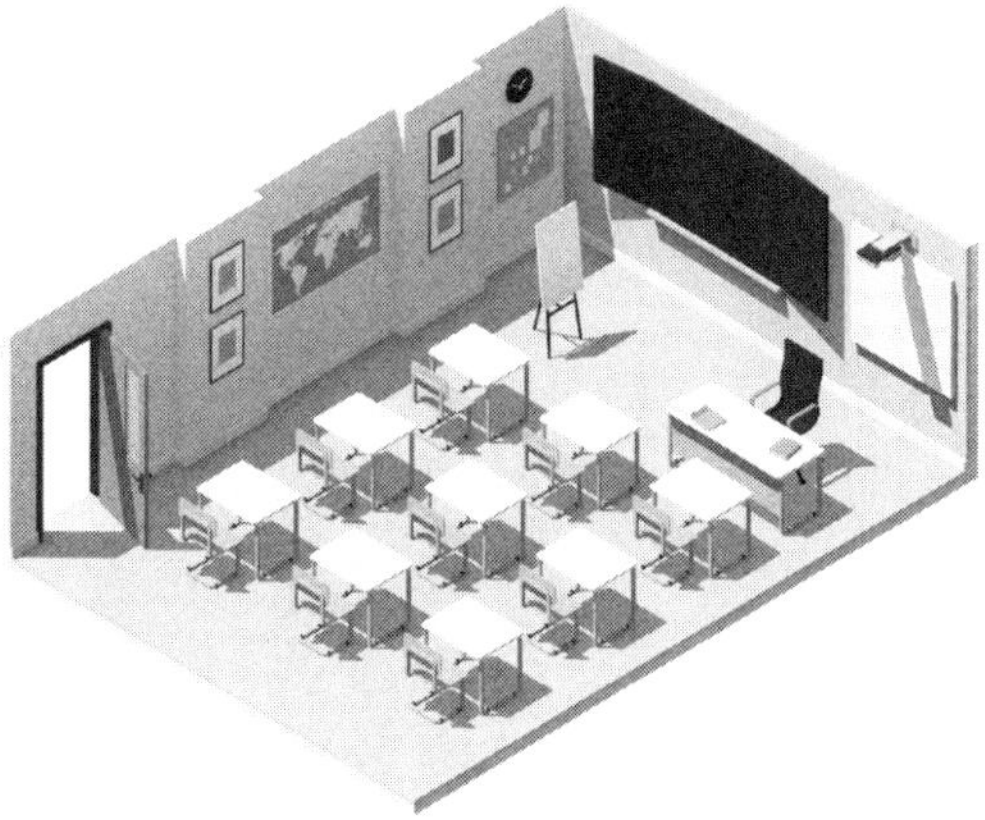

一般的な幼稚園の教室レイアウト例。前方に向かって机が配置される、詰め込み式の一斉教育的な教室環境

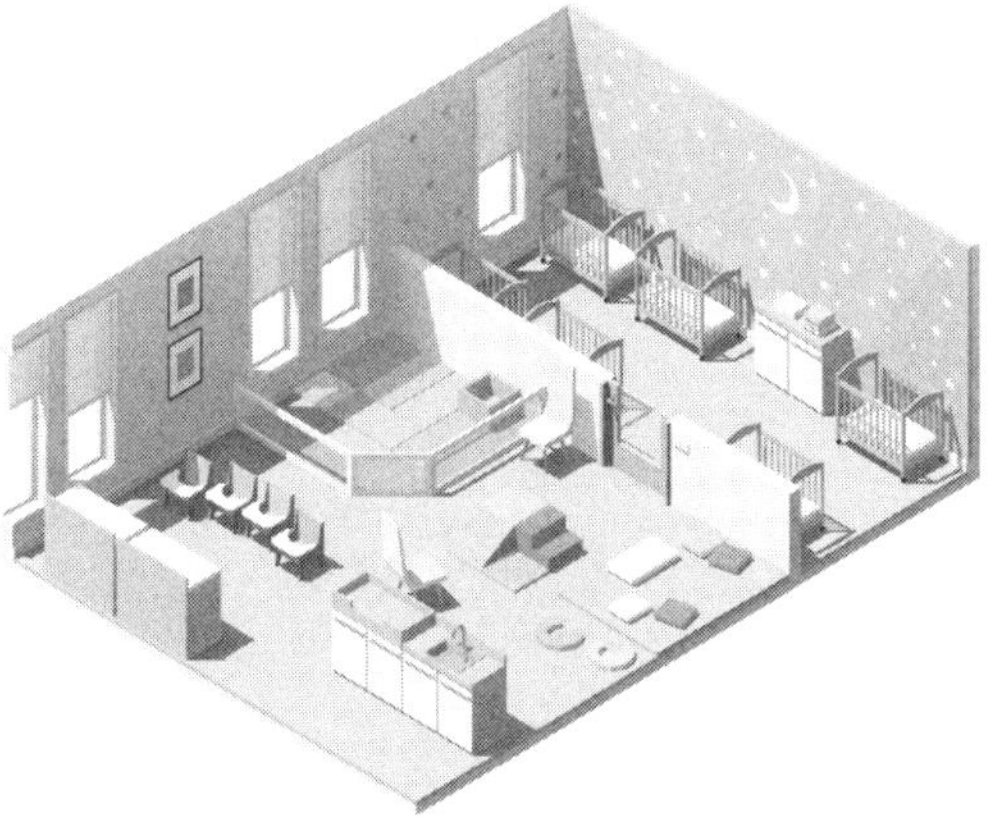

コーナー保育のレイアウト例。ままごとのスペース、体遊びのスペース、読書のスペースなど、それぞれの子どもが興味を抱いた活動を自由に行なうことができる

出典：tele52 / PIXTA(ピクスタ)

大人しく本を読むことができる場所があったり、積み木やブロックができる場所があったり、絵を描く場所があったり……。子どもたちはその日に興味を抱いた活動や、前日の活動の続きをするために、自ら好きなコーナーに行って遊びます。もちろん、遊んでいる途中で気が変われば、別のコーナーに移動することもできます。

このような環境は保育園のみならず、家庭でも実現できます。大人は「見守る存在」として、それぞれのコーナーを見まわって、子どもの遊びに対してアドバイスをしたり、一緒に考えたり遊んだりします。

保育園でいえば、コーナーのつくり方は、園によって特色を出せるところです。先生が音楽好きなのであれば、楽器を置いたコーナーをつくってもいい。そのような先生と一緒に遊ぶことで、子どもたちは、より本格的な活動を経験することができるでしょう。

コーナー保育では、「創造性」や「集中力」といった能力を伸ばすことができると同時に、「社会性」も育まれることがあります。

コーナー保育においては、複数の子どもが同じコーナーに自然と集まることがあります。ある子どもが集中してブロックを組み上げていたら、ほかの子どもがやってきて、その様子をじっと見て、まねをして遊びはじめる。協力してブロックを積み上げることもあります。**「興味のある分野」をとおして自然と「話し合い」の機会が発生し、**

「コミュニケーション能力」が育まれます。

子どもがそれぞれ自分の好きなコーナーに行き活動をするコーナー保育の場合、異年齢保育も行ないやすくなります。「みんなで一緒に同じ活動をする」という必要がないので、そもそもクラスを分ける必要がないのです。そのため、私たちの園でも基本的には異年齢保育を採用しています。

年齢の異なる子どもどうしが関わる場を設けるということは、子どもの発達上に大きなメリットがあります。小さい子どもは、自分よりも大きいお兄さんやお姉さんの遊ぶ姿を見て、その動作をまねし、成長に繋げることができます。年上の子が年下の子の面倒を見てやる機会も増え、自然と「小さい子を労る」という気持ちも生まれ、「この子がこのおもちゃで遊ぶためには、どのように使いかたを教えてあげればいいんだろう?」というように、小さい子への対応方法を自発的に考えながら模索することになります。

「兄弟がいる子のほうが成長が早い」とは広くいわれますが、兄弟がいなければ異年齢の子と関わる機会を持ちにくいものです。しかし、保育現場に異年齢保育を取り込むことで、兄弟がいない子でもさまざまな年齢の子とコミュニケーションする機会を得ることができるでしょう。

子どもの興味を広げる「インビテーション」とは

子どもの好奇心を刺激し、「自発的な行動」を引き出すしかけ

レッジョ・アプローチでは、大人は子どもに好きな活動をさせ、その取り組みを見守るという姿勢が基本ですが、それは「放置」というわけではありません。

子どもに自発的に興味を持ってもらえるように働きかけることを、「インビテーション（「招待」「誘発」）」といいます。絵を描くことに興味を持ってほしいなら、子どもが登園したときに、机の上にクレヨンと紙を並べておく。すると、子どもは目にしたクレヨンに自然と関心が向き、クレヨンを取って絵を描きはじめるでしょう。

もちろん、クレヨンと紙を置いておいたからといって、すべての子が絵を描きはじめるわけではありません。ほかの遊びを始める子もいるかもしれないし、もしかすると、並べてあるクレヨンを投げて遊ぶ子もいるかもしれません。しかし、それでもよいのです。保育士は、「机にクレヨンを並べて置いておいたら、この子はこういう反応をした」ということを記録に残します。レッジョ・アプローチにおいて、「ドキュメンテーション」と呼ばれるこの「記録」は、当アプローチの根幹をなす一つです。ドキュメンテーションについては、後に詳述しましょう。

インビテーションにおいては、その子についての記録を保育士どうしで共有し、「その子がクレヨンを投げたのなら、あしたはボールを置いてみようか」と、次のインビテーションに活かすべく議論して、新たなインビテーションの環境を考案します。**子どものすべての行動が、「こうしたらこうなった、次はどうするか」と、試行錯誤の判断材料にすることができる**のです。

インビテーションの例でいえば、私たちは、紙コップを重ねて子どもの背丈ほどの壁をつくっておいたことがあります。

保育士は当初、子どもたちは紙コップを倒したり散らかしたりするだろうと想定していました。しかし実際には、それまでの活動で新しい素材をうまく使うことを学んでいたせいか、紙コップをさらに重ねて壁を広げたり、ほかの素材を持ち寄って組み合わせたりしはじめたのです。紙コップの上に柔らかいボールを横たえて、バランスをうまくとって落とさないようにする様子を見て、保育士はその創造性の豊かさに感心したといいます。

インビテーションの記録が蓄積すればするほど、「この子にはこのようなインビテーションが効果的だ」という経験値となります。ほかの保育士の記録を参照すれば、うまくいったインビテーションをまねして採り入れることもできます。

「その子に最適なインビテーション」というのは、明確な正解があるわけではありません。子どもの気分や体調、あるいは年齢によって、これまでうまくいっていたインビテーションがうまくいかなくなることもあります。**その子をよく観察して、どのようなインビテーションが効果的なのか、常にベストなしかけを考えて提供する**ことがポイントです。

家庭でできるインビテーションの工夫

インビテーションが成功すると、子どもの自主性を尊重しながら興味を無理なく広げ、非認知能力の育成に繋げることができますが、この取り組みは家庭でも行なうことができます。

私の家で試した簡単なインビテーションの例を紹介しましょう。

次男が3歳のときに、子どもと海へ遊びに行って、貝殻をたくさん拾って持ち帰りました。帰宅後、私は机の上に、拾った貝殻と貝の図鑑を並べておきました。それも、拾ってきた貝殻が載っているページを開いた状態で。すると息子は、貝と写真を見比べて「あ、同じ貝だ！」と言って、それからは自ら図鑑でいろいろな貝を探しはじめたのです。図鑑というものの使いかたを覚えた瞬間だったと思います。

図鑑によって貝の種類をひととおり覚えたあとは、せっかく芽生えた興味を派生的に発展させるべく、海洋生物の図鑑を与え、その後は動物図鑑を与え……と、彼の興味はどんどん広がっていきました。貝の図鑑をきっかけに、彼の「自発的に知ろうとする力」が無限に伸びていったのです。

このように、**インビテーションは、子どもの好奇心をうまくリードすることがポイント**です。子どもが好奇心を持ってなにかを行なう場面をよく観察し、子どもの思考の道筋を分析する。それをもとに、**「それでは、次は環境をどのように整えれば、子どもの興味が広がりそうか？」と考えて実現する**のです。

この意識があれば、ふだんの子どもへの接しかたも自然と変わります。たとえば、親は書店に並んださまざまな絵本を見て、「うちの子はこの絵本好きかな？」と考えて、買う絵本を選びます。その考えを深掘りして、「この絵本に興味を持ってもらうには、どうすればよいだろう？」ともう一歩踏み込んで考えることができます。すると、「この絵本は電車の絵本だから、ほんものの電車を見せに行ってから与えてみよう」「この絵本の主人公はアリだから、まずはアリを捕まえにいってみよう」といった手があるかもしれません。

子どもの言葉が発達し、ある程度コミュニケーションできるようになると、子どもの思考回路を読むことはどんどん簡単になります。

「やめてほしいこと」を自主的にやめさせるには？

インビテーションのスキルは、子どもにやってほしくないことを自主的にやめさせるという目的にも応用できます。

「子どもが、公共の場で騒がしくして困る」という悩みをよく聞きます。ある程度年齢が上の子であれば、「静かにしなければならない理由」を繰り返し話せばいずれ理解してくれるかもしれませんが、「静かにして」というのは、小さな子にはなかなか理解しがたいものです。

これにインビテーションの発想を適用すると、「子どもが自発的に静かにしたくなる仕組み」をつくればいい。たとえば、私の家庭では、「静かにしていたら勝ち」というゲームを行なっています。「だれが一番長く話さずにいられるか勝負しよう。ヨーイ、ドン！」と言うと、それまでうるさくしていた子どもでも、とたんにシーンとなります。

もちろん、このゲームを行なったところで、そんなに長い時間を静かにしてくれるわけではありません。だれかがまた騒ぎ出したら、すかさず「はい、負け！　もう1回やろう！」と言ってなんども繰り返します。このほうが、「静かにして」と高圧的に指示するよりも、子どもが自発的に「静かにしよう」という明確な意志をもって実行することができます。

子どもの行動に対して「やめなさい！」と言うのは、子どもに関わる大人であれば日常茶飯事です。子どもに強制したところで言うことを聞かないというのが常であり、そうであれば、**大人が望む方向に自主的に行動してもらうためには、どのようなアプローチが効くのかを考えれば、思わぬ道が拓けるかもしれません。**そしてそれは、インビテーションの考えかたそのものです。

子どもへのインビテーションが上達すれば、子どもを叱る頻度が減り、「また怒ってしまった」というような自己嫌悪に陥る機会も少なくなるかもしれません。

「ドキュメンテーション」で子どもの思考を追う

結果よりもプロセスを重視し、共有する

子どもの思考を追跡して分析するためには、「記録」——すなわち「ドキュメンテーション」の手法が非常に重要です。

ドキュメンテーションとは、子どもの活動記録です。本来のレッジョ・アプローチにおいては、子どもの作品やその作品をつくる過程の写真を、「その子がなぜこの作品をつくるに至ったのか」というコメントをつけて、親や保育士、地域住民などが自

由に閲覧できる開かれた場所に掲示します。これが昔ながらのドキュメンテーションの手法ですが、わざわざオープンな場所に掲示するのは、「子どもは社会の中で育てるもの」というレッジョ・アプローチならではの思想に起因します。その考えかたにもとづけば、活動内容を記録するだけにとどめず、その内容を親どうし、保育士どうし、地域の人たちと共有できるかたちで掲示することが必須なのです。

この取り組みを現代の日本で実践するには、どうすればよいか。「地域の人たちを巻き込んだ保育・育児」というのはたしかに理想的ですが、近年では防犯などの観点から、なかなか難しいものがあります。そこで私たちの園においては、まずは親と保育士とでドキュメンテーションを共有することから始めました。

そもそも、日本の保育園や幼稚園には、「連絡帳」という慣習があります。これも立派なドキュメンテーションの一種ですが、問題は、**連絡帳に書かれた内容が、子どもの思考プロセスを分析するのに充分な材料となっているか**という点にあります。

一般的な連絡帳では、「今日は◯◯ちゃんとブロックをしました」「今日は散歩に行きました」「昼食は主食を半分残し、デザートは完食しました」「午睡では◯時に入眠し、◯時に目覚めました」……といったように、行動を報告するような内容が多いようです。しかし、**子どもの記録として残すべきは、「なにをしたか」という結果ではなく、「なぜこの行動をしたか」という過程**なのです。なぜ、◯◯ちゃんと遊ぶに至ったのか。どんな様子で昼食をとり、なぜ主食を半分残すに至ったのか。「どのような経緯でその行動をとったのか」を記録することで、子どもの思考プロセスを追うことができるし、子どもの思わぬ興味や特徴を知ることができるのです。

それでは、具体的にはどのように「過程」を記録すればよいのか。一般的な連絡帳の記入例と、「ドキュメンテーション」の記入例とを比較してみましょう。

A「今日は、○○ちゃんと二人でお城をつくりました。ふたりで協力してとても大きなお城ができて、とても喜んでいました」

B「ひとりで積み木で遊んでいる○○ちゃんの様子をじっと見ていましたが、やがて○○ちゃんに積み木を手渡し、『これを重ねたらお城みたいだね』と言いました。○○ちゃんが『緑色の積み木を使おう』と応じ、ふたりで緑色の積み木だけを集めて、協力して組み上げて塔部分をつくり、お城が完成しました」

前者では事実はわかりますが、後者のように記入することで、「この子はほかの子に対して提案することができる」「ほかの子の意図を理解して要求に応じることができる」「協力して目的を達成することができる」ということがわかります。

このように、結果だけを記すのではなく、そこに至るプロセスを残すことで、子どもがなにを考えてどのように行動したかがわかるのです。それは、その子に合ったインビテーションを考えるヒントにもなりますし、子どもの次の活動を考える材料にもなります。

ツールを活用してドキュメンテーションを簡単に

ネットで検索すれば、レッジョ・アプローチのドキュメンテーション例をさまざま見ることができます。きれいにデザインされた掲示物が大半ですが、だからといって「ドキュメンテーションはすごく手間のかかるもの」と臆することはありません。

いまやテクノロジーの進化のおかげで、記録の手間を最小限にすることもできます。スマホのボイスレコーダーやカメラ機能を使えばより簡単ですし、なんらかのアプリを使えば、その記録を他人と共有することも容易です。実際、記入式の連絡帳という文化は廃れつつあり、アプリを使って連絡帳を共有する園も増えているようです。人間の手間を減らすために新たなテクノロジーが生まれるのですから、その恩恵をどんどん利用すればよいのです。**育児や保育は日々とてもエネルギーを使うことですから、負担にならない方法で続けることが大切**です。

私たちの園では、FacebookのWorkplaceというＳＮＳ機能を使って、子どもの写真とコメントを保育士や親と共有しています。家庭で実践するなら、Googleフォトがおすすめです。写真にコメントを付けて他の家族と共有できるので、このような便利なツールをどんどん活用し、日々の育児に役立てていただきたいと思います。

家庭でドキュメンテーションを実践する場合は、子どもと一緒に振り返ることのできるかたちで残しておくこともポイントです。たとえば、アルバムを作成するにも、プリントした写真とともにそのときの様子を付箋などに記入して付けておけば、のちのち子どもと一緒に楽しく読み返すことができます。

2か月前の記録を一緒に見て、「2か月前はこうだったけど、いまはこれができるようになったね」と振り返れば、本人も「ほんとうだ、このときはできなかったことが、いまはできるようになった！」と認識し、自信に繋げることができます。

現代の保育現場における連絡帳は、乳児期にはこと細かに行動報告がなされますが、幼児期以降は省略されることが多いようです。しかし、この**ドキュメンテーションの取り組みは、会話が成立する幼児以降でこそより重要**なのです。

子どもとの会話は、その子の思考プロセスをたどるうえで、とても有用な材料となります。子どもと対話した内容を残すこと、その子とどのような会話をして、彼がどのように行動したかを記入することで、その子の思考や個性、性格をより詳細に把握することができます。3歳、4歳になると、肉体的・精神的な発達によって、できることも増えてくるので、記入する内容はより多岐にわたるでしょう。

私たちの園では、入園から卒園までのドキュメンテーションを、卒園児に1冊のアルバムにしてプレゼントしてみてはどうかということが検討されています。在園期間をとおして、なにがどのような経緯を経てできるようになったのか、その軌跡をあらためて振り返ることで、就学後のその子の可能性をより豊かに広げるヒントになればと考えているのです。

「経験の共有」がもたらす効果

子どもがなにかに挑戦してやり遂げたとき、「すごいね」とほめるだけではなく、**やり遂げるに至ったプロセスを一緒に振り返ると、その子の経験はより良質なものになります**。「うまくいったね。どうしてうまくいったのかな？」と問いかけて、その子に「成功した理由」を考えさせるきっかけとするのです。それにも、ドキュメンテーションは非常に有用なツールとなります。

自ら考えて実行したことに対して振り返り、次の行動に活かしていく——これこそが学びの基本的なサイクルであり、子どもは無意識的にこの学びを繰り返し、成長してゆきます。これはいわば、人間の本能として根付いている学習姿勢といえるかもしれません。

その「振り返る」というアクションを、大人と一緒に行なうことで、より多くの学びを得られる可能性があります。成功した経験だけではなく、とくに失敗した経験に対しては、「なぜ失敗したのか」「なぜ思ったとおりの結果にならなかったのか」は、子どもひとりで考えてもなかなか答えに行き着きません。**レッジョ・アプローチにおいて、大人は基本的に「見守る存在」ではありますが、ときには子どもをうまく導いてやる存在となる**のです。

子ども自らドキュメンテーションを一緒に振り返ることで、「ほんとうはこの積み木をもっと高く積みたかったのに、写真で見ると思ったよりもバランスが悪かったことがわかった」などと、自分の行動を冷静に見ることができるようになります。大人はドキュメンテーションを見た子どもの反応を見つつ、「このときは、こうしたらうまくいったよね」「このときは、どうやったんだっけ?」などと、子どもに自ら考えさせるような声がけを行ないます。

子どもの内に経験が蓄積されると、いずれは直面したことのない状況に対しても、「似たようなことは、前にもあった」と、同種の過去の経験から対応策を考えられるようになります。

保育現場においては、保育士どうしでドキュメンテーションを共有することも重要です。

運営上の問題で、ひとりの先生がすべての子どもの様子を追えるわけでも、同じ子の様子にずっと注目できるわけでもありません。そこで、その子を見ているほかの先生のドキュメンテーションを参照することで、ほかの保育士の経験も吸収することができます。

ドキュメンテーションを共有することで、ほかの保育士が試してうまくいったインビテーションを採り入れたり、逆にほかの保育士が試していないことを試してみたりすることができます。このように、**それぞれの経験を自分の中だけに溜め込まず、積極的に共有することで、組織としての学びがより大きなものになる**のです。

「子どもの発想」を重んじる「オープンエンド」の魅力

創造力を育むオープンエンドな遊びかたとは？

モンテッソーリ教育とレッジョ・アプローチの大きな違いに、教具の違いがあることは、すでに述べましたが、モンテッソーリ教育の教具は、一つの能力を効果的に伸ばせるような遊びかたが設計されています。大人がまず遊びかたの手本を見せ、子どもがそのまねをします。このように、「終わり」や「成果」があらかじめ定められていることを、「クローズドエンド」といいます。完成形が決まっているパズルやプラモデル、塗り絵などは、クローズドエンドの代表例です。

一方で、レッジョ・アプローチには、遊びかたの決まった教具は存在しません。たとえば、公園で拾ってきた葉っぱや花、松ぼっくりも、充分な教具となりえます。そのような自然素材と画材があれば、子どもが自由に発想してアート作品をつくるという遊びができます。このように、**ゴールが決まっていないことを「オープンエンド」**といいます。自分で発想することを大事にしているレッジョ・アプローチでは、遊びは必ずオープンエンドなものに限られます。自分の発想しだいでなにをつくってもよい積み木やブロックは、オープンエンドの遊びです。

たとえば、「塗り絵」は、すでに描いてある絵や枠線の中に色を塗ることが決められています。「何色を塗るか」という自由性はあるものの、クローズドエンドな遊びかたといえます。しかし、なにも書かれていない紙とクレヨンだけを渡せば、それはオープンエンドな遊びになりえます。同じ「クレヨンと紙」という材料でも、遊びかたによってクローズドエンドかオープンエンドかは変わるのです。

「折り紙で紙飛行機を作りましょう」と言えばクローズドエンドですが、折り紙を渡して、折りかたなどの基本的なテクニックを教えるだけなら、オープンエンドな遊びとなります。子どもは教えてもらったテクニックを使って、自分の自由な発想で作品を作ることができます。

これまでの保育現場では、「みんなでこれをつくりましょう」と指示され、決まったものをつくるという手法が一般的でした。できた作品は並べて掲示され、すると結果として、だれがうまくできたかを比べることになります。このように、**クローズドエンドという発想のもとでは、どうしても「作品の優劣」が発生しますが、オープンエンドの発想においては、そのような概念は存在しません。**同じ材料を使っても、それぞれが好きなもの、まったく異なるゴールを目指すので、優劣のつけようがないのです。

1章でお話ししたように、「指示されたとおりに遂行する能力」は、これからの社会においては不要とされます。決められたことをするのではなく、「自分で発想してなにかを生み出す」ことが人間ならではの能力であり、大きく期待される部分です。その力を伸ばすためには、オープンエンドな遊びかたこそが役立つのです。

「子どもの社会」で無理なく「社会性」を育む

議論を自然と生み出すグループワークのメリット

人間は社会性を備えた生きものであり、それは子どもも例外ではありません。レッジョ・アプローチでは、ほかの子との「グループワーク」を通じて、社会性や協調性を育みます。

4、5人が集い、みんなが興味のある同じゴールを短期間に限定して実行するグループワークを「スモールグループ」と呼びます。グループで取り組むものでも、クラス全体規模の大人数でも、数か月から1年といった長い期間をかけて取り組むものを、「プロジェクト」と呼びます。プロジェクトは年齢の大きい子どもでよく行なわれる方法であり、保育現場では主としてスモールグループでの活動が行なわれるようです。

私たちの園では、毎朝子どもたちと保育士とでミーティングの時間を設けます。もちろん子どもたちの自主性を重んじているので、ミーティングに参加しないという選択肢もありますが、保育士は子どもたちが自発的にミーティングに参加したくなるよう、さまざまなインビテーションを設定します。

ミーティングにおいて最も大切にしていることは、子どもたちと話し合うことです。子どもたちがどんなことをやりたいのかを聞き、議論するなかで、ときには深い議論となることもありますが、子どもは日々のミーティングをとおして、自分の意見を言うことに慣れていきます。話し合ったことが、その後のスモールグループ活動に繋がることもあり、保育士がいくつかのグループ活動を提案して、それに興味を持った子がそのままグループ活動に移っていくという流れもあります。

グループワークは、大人が意図しないときにも発生することがあります。コーナー保育において、子どもたちはそれぞれ好きな場所で遊びます。なにかに対して長時間すさまじい集中力を見せるときもありますが、子どもは飽き性な部分も大きく、自分の遊びにひと区切りがつくと、あたりをキョロキョロと見渡しはじめ、ほかのコーナーに関心を向けます。そこで遊んでいる子に興味を抱いて近づき、その子の遊びに参加し……といったように、「同じ興味対象」を一つのきっかけとして、グループが自然的に発生するのです。興味深いことに、集中して遊んでいる子を起点に、こうしたグループが発生しやすいようです。

子どもどうしの揉めごとに、大人が介入すべきか

グループワークに限らず、子どもどうしの関わり合いにおいては、しばしば揉めご

とが発展します。

子どもどうしで問題が起きたとき、「見守る存在」としての大人は、どのように対処すべきか。暴力に発展するなどの危険がないかぎりは、そのまま見守ってあげるのです。大人が仲裁せずとも、子どもたち自身で解決することもあるからです。

子どもどうしのトラブルに大人が介入するにあたっては、**「○○しちゃだめだよ」と一方的に教えるのではなく、子ども自身に自分の行動を考えさせることがポイント**です。私たちの園では、子どもに自分の行動を考えさせるしかけとして、人形劇を使っています。

ある日、ふたりの子どもがケンカをしました。話を聞くと、Aくんが、Bくんが遊んでいたおもちゃを取り、B君が瞬発的にA君を叩いたとのことです。AくんもBくんも「自分は悪くない」と言って譲りません。そんなときに私たちは、パペットを使って、このふたりの間にあったことを、そのまま劇として演じて見せてあげるのです。

片方のパペットがもう片方のパペットのおもちゃを取ったら、子どもたちから「あ、おもちゃとった！　いけないんだ！」と声が飛びます。おもちゃを取られたほうがもう片方を叩いたら、「あ、叩いちゃだめだよ！」と声が飛ぶ。ケンカの当人たちは、劇を見ている間はこれが自分たちの間に起こったことと同じ場面だとは気づきませんが、劇が終わって感想を聞くと、「おもちゃを取ったのは悪い」「だけど、叩くのもよくない」と、正しく理解しているのです。そこで、「このパペット、AくんとBくんと同じことをしているんじゃないかな？」と問うと、そこで初めてふたりは「あ！」とそれぞれの行動に気づくのです。

パペットを使うこの方法には、トラブルの状況を俯瞰的に、かつ客観的に見せるという目的があります。冷静になって自分の行動を第三者的に振り返ると、当事者としては見えなかった「自分の非」が見えることがあるのです。**トラブルを仲裁するために大人がすべきことは、「なにがいけなかったのか」を子ども自身に気づかせる導線を引くこと**なのです。

「対話」をとおして「考える力」を伸ばす

対話の始まりは、子どもの話を聞くことから

「考える力」を伸ばすのに対話は不可欠ですが、**対話をとおして子どもが自ら考えるサポートをしていくことが、大人に課された役割の一つ**でもあります。

日常的に対話を重ねることで、子どもは自分の意見を自ら話すようになります。さらに、子どもがなにに興味を持っているのか、なにを好きなのかを言葉で教えてくれ

るので、大人としてはインビテーションの判断材料を増やすことができます。たとえば、子どもが自分の名前を指差して「これがぼくの名前」と言えば、文字に興味が出てきている合図であり、ひらがなを覚えるタイミングと捉えることができますが、**対話が少ないと、このような成長のきっかけを見逃す**ことになってしまいます。

対話をするうえでは、とくにその子が小さい場合、否定しないことが最も重要です。小さい子どもは、「自分の行為」が否定されているのか、あるいは「自分自身」が否定されているのか、混同することがよくあります。「廊下を走らないで！」と行為を注意したとしても、「よくわからないけれど、自分は否定されている」と感じてしまうのです。

対話のファースト・ステップとしては、まずは子どもの感情や考えをていねいに聞いてあげること。そして、**その感情や考えをしっかり認めてあげることがポイント**です。

たとえば、花瓶を投げた子どもがいたとしましょう。それはとても危険な行為なので、大人は瞬発的に「なにしているの！」「ダメでしょ！」と叱ってしまいがちです。しかし、そこでちょっと立ち止まって、「花瓶を投げたんだね。どうして投げちゃったのかな？」と、その子の気持ちを聞いてみるのです。「投げたかったから」と言われれば、「そうだよね、投げてみたくなっちゃうよね」と、彼の気持ちを認めてから、「花瓶を投げたらどうなるだろう?」と、「ダメな理由」を考えさせるようにするのです。

　頭ごなしに否定してしまうと、子どもは反射的に耳に蓋をしてしまうことがあります。はじめにその子のことを認めてあげることで、こちらの言葉に耳を傾けてくれる状況を整えることができます。その状況があって初めて、言われた言葉を頭に入れて考えることができるのです。

「I statement」という話法のメリット

　この話でいえば、「お母さん/先生は、花瓶は割れると嫌だから投げないけれど、ボールを投げようかな」「お母さん/先生は、この場所で投げたら友達にぶつかりそうだから、お庭に行って投げようかな」など、主語を「私」にして自分の意見を述べることも有効です。

　これは、「I satetment(アイ・ステートメント)」という話法です。**主語をあなた(You)ではなく私(I)にすることで、相手を否定せずに自分の意見を理解させることができます**。その子の行為や気持ちを否定せずに、行動の選択肢を増やしてあげるのです。

　「お母さん/先生だったらこうする」と言えば、たとえ子どもでも、「相手の意見」として話を聞くことができます。「そうか、自分もそうしようかな」と自発的に思えれば、その子のなかから「花瓶を投げる」という選択肢が消えてゆくでしょう。

「やめなさい！」と一方的に命令するのは簡単です。しかしこれでは、そのときは一時的にやめたとしても、しばらくするとまた同じことを繰り返してしまいます。なぜなら、その子は「叱られたからやめた」だけであって、「自分で考えてやめる」という選択をした」というわけではないからです。子どもが「やめてと言ったのに言うことを聞かない」「注意しても、なんども同じことをする」のは、こうした理由によるところが大きくあります。

「I statement」話法を使えば、その行動を取ったときのデメリットを並べてあげることもできます。「この廊下で走ると、お友だちや壁にぶつかってしまうかもしれない。そうなったら痛いから、先生だったら嫌だな。だから先生は、歩くよ」といったように、**その子を否定せずにデメリットを伝えられる**のです。

もちろん、1回伝えるだけで子どもがそれを理解し、すぐにやらなくなるのは難しいでしょう。大人が根気強く子どもに繰り返し、なんども考える機会を与えることが必要です。「廊下は歩いたほうがいいのかな？」「先生が言っているのは、どういうことだろう？」と繰り返し考えるうちに、いつか納得し、「廊下は走らないようにしよう」と考えることができるようになります。

「廊下で走ったら人とぶつかるから、走っちゃだめだよ」と、**すぐに答えを与えてし**

まうと、そのぶん本人が考える機会を失ってしまいます。大人は「この行動をしてはいけない理由」がわかっているため、ついつい答えを与えてしまいがちです。しかし、考える機会を意識的に与えつづければ、「考える」が習慣として子どもに根付き、子どもの脳が活発に思考しはじめるのです。

バイリンガルの真の意義とは

「英語が話せる」のメリットとは？

私たちの保育園は、基本的にインターナショナル・プリスクールです。外国語を話す先生が常に在籍し、日常的に英語でコミュニケーションがなされます。

インターナショナル・プリスクールにした理由は、私自身がアメリカに住んでいたという理由もありますが、なによりも、**これからの社会を生きる子どもたちに、日本を出るという選択肢を与えたかったから**です。

もちろん、実際に将来日本を出るかどうかは、本人しだいです。しかし、「日本にしか住めない」という状態と、「日本以外に住むことが容易にできる」という状態とでは、その子の人生の可能性に大きな差が生じます。

先行きがただでさえ不透明なこの時代において、日本には、いずれ大きな自然災害が確実に来るともいわれています。ひとりあたりのGDPも下がりつづけていて、暮らしにくくなるかもしれません。そんなときに、「英語が話せないから」という理由で日本に住まざるをえないような選択は、とても残念なことです。

たとえば、日本でプログラマーという仕事に就いた場合、初年度の年収はよくて400万円くらいです。けれども、シリコンバレーに行って技術があれば、たとえ新卒でも、年収2000万円ほどで雇用されるかもしれません。同じ仕事内容でも、国によって年収や労働条件は大きく異なり、バカンスの風習が根付いている欧米では、より充実したプライベートを確保しながら働けるでしょう。「海外で働くことができる」という選択肢があることで、人生の選択肢はより豊かに広がります。

多言語を習得することで、脳を鍛える効果も期待できます。

英語に限らず、二つ以上の言語を話せるバイリンガルは、一つの言語しか話さないモノリンガルよりも使う脳の領域が広く、学習能力が高いという研究結果が報告されています。ほかにも、バイリンガルの人は、アルツハイマーや認知症にかかりにくいという調査結果もあります。

一般的に、インターナショナルスクールは学費が高いといわれます。しかし、お金を出せばよい教育が受けられるのは、当たり前のことであり、それでは、富裕層の子どもだけがよい教育を受けることができるということになり、とても不公平なことです。

私たちの園では、「企業主導型保育園」というかたちを取ることによって、インターナショナル・プリスクールでありながら、保護者負担を月2~3万円で通えるように工夫しています。子どもは、生まれてくる家庭を選ぶことはできません。どんな家庭に生まれたとしても、よい教育を受けられるチャンスは、可能なかぎりすべての子どもに平等に開かれてほしいと考えています。

五感で英語を覚える工夫

日本では長らく、「英語学習」といえば、「受験英語」大学受験に受かること、試験問題をいかに速く正確に解くことができるかが最大の目的であり、英語によってコミュニケーションをとるということは、なおざりにされてきました。

しかしそうした認識はだんだん撤廃されつつあり、大学入試共通テストの英語科目でも、記述式よりもリスニング式の配点が増えるなど、「実用英語」に重きを置かれはじめています。

私たちの園でも、英語を学ぶうえでは、コミュニケーションに主眼を置いています。

英語でコミュニケーションを取れるようにする近道は、五感で英語を覚えることです。バイリンガル環境に育った子どもは、生まれながらにして「モノには二つの言いかたがある」と考えています。「この果物は『りんご』とも〝Apple〟とも呼びうる」ということを先天的に理解していて、「『りんご』は日本語である」「〝Apple〟は英語である」とそれぞれの言語の存在を認識するのは、3歳以降といわれています。

すなわち、3歳以前に英語を教えるなら、日本語を挟まずに、五感で感じたことをそのまま英語に結びつける手法が効率的なのです。

たとえば、円になってボールを投げる遊びを想像してください。ボールを投げるときに「bounce」と言いながらバウンドさせると、子どもは「このボールの動きが〝bounce〟である」ということを感覚的に学ぶことができます。「roll」と言ってボールを転がして渡せば、子どもは床を転がるボールを見て、それが〝roll〟と学ぶでしょう。このように、**視覚、聴覚、触覚など、あらゆる感覚を使って体に言葉と概念を習得させる**のです。

現に、この「bounce」と「roll」をなんどか繰り返したあとに、子どもに向かって「bounce please」と言うと、ボールをバウンドして渡してくれます。「roll please」と言えば転がしてくれる。「跳ねることを〝bounce〟と言うんだよ」「転がすは〝roll〟だよ」と教えなくても、経験から言葉を無理なく覚えることができます。この方法ですと、言葉をアウトプットするときも、「いちど日本語に置き換えて変換する」という工程を挟まないので、素早く単語を発することができます。

もうひとつ例を挙げましょう。3歳児クラスでレモネードをつくったときの話です。レモンを切るときには、「cut, cut, cut」と唱えます。切ったレモンを手で持って、「squeeze」と言いながらギューッと握る。すると子どもは、「切る＝cut」であり、「握って絞る＝squeeze」だとスムーズに理解することができます。絞ったレモン汁に「mix」と言って砂糖を入れる、そこに水を入れて、「stiring, stiring」と言ってかき混ぜる……。完成したレモネードを飲んで、甘ければ「sweet」、酸っぱそうな顔をしたら「sour」だと教えることで、その子の感覚と言葉が紐づくのです。

日本語を英語に直すという無駄なプロセスを省き、五感と英語を直に結びつけることで、子どもは無理なく英語を習得することができるのです。

4章

「子どもと大人が笑顔で過ごせる育児・保育環境」を目指して

育児・保育の未来を考える

すべてを「子ども中心」で考えよう

これから、社会はますます急速に変化します。どのような変化を迎え、どのように変わってゆくのか。いずれにせよ、どんな社会においても、育児・保育の大前提としては、**大人の都合で考えられた仕組みを子ども中心で考え直すことが必要**だと考えています。

保育現場でいえば、たとえば「おゆうぎ会」や「運動会」などさまざまなイベントがありますが、その多くが、子どものためではなく親のための行事になっているという実情があります。

そもそも海外では、おゆうぎ会や運動会を行なう園は、ごく少数です。とくに欧米人は、日本の運動会の様子、先生の掛け声に合わせて一律的に踊ったり動いたりする子どもを見て、「軍隊を育てているの?」と驚く人が多いようです。彼らは、「**子どものやりたいことを尊重せず、大人が一方的に活動を押しつけるのは、子どもの思考を停止させてしまうことである**」と考えているのです。

一例として、「子ども中心」を掲げた園では、そうしたイベントを行なわないという選択肢もあるようです。「**おゆうぎや競技は、子どもがやりたくてやっているものではなく、観客である親を喜ばせるだけの活動**」と捉えているのです。

あるいは、プログラムのすべてを子どもに決めさせる園も存在します。あまりに小さすぎる子どもには難しいかもしれませんが、年長児や年中児さんを中心に、どんな競技をしたいかを子どもたち自身で話し合ってもらうのです。そのうえで、だれがどんな役割を担うか、プログラムの順番をどうするか……。議題は多岐にわたりますが、時間をかけてでも子どもたち自身に考えさせることが大切です。この方法によって、世の中のイベントがどのように成立しているのかを学ぶことができるという利点もあります。

子どもたちでつくりあげたイベントは、大人から見れば、ルールや規律の曖昧な、見るに堪えない出来かもしれません。しかし、それでよいのです。子どもたちが自分で考えて実行したということが重要なのであって、そのすべてが子どもたちのかけがえのない経験として残り、一人ひとりの学びとなって根付くのです。

保育の方針にあった仕組みづくりが必要

これまでに見てきたように、国は一斉保育方針を大きく転換し、アクティブ・ラーニングを推進しつつあります。しかし、本書で紹介したような、子どもをよく観察して個別のアプローチをとる保育を実現しようとすると、保育士の仕事はますますハードになります。

現在、保育園における保育士の数は、0歳児3人に対して1人以上、1〜2歳児6人に対して1人以上、3歳児20人に対して1人以上、4〜5歳児は30人に対して1人以上と定められています。しかし、自己主張が激しくなり考える力もついてきた3〜5歳の時期の子どもたち20〜30人を、たった1人の保育士で見るのは無理があります。現状よりも保育者の数を手厚くしなければ、現場は成り立ちません。

もしも**国が「子どもの非認知能力を伸ばす」という方針を最重要として掲げるならば、保育現場の体制じたいを見直す必要がある**のです。そこで、私たちの保育園では、日本人の保育士と外国人の先生が各クラスにいるため、3〜5歳のクラスは子ども18名に対して2人以上の先生がついています。

国が保育現場への助成金を増やすなどして、3〜5歳クラスでも「子ども10人に対して先生1人」レベルの水準にしなければ、アクティブ・ラーニングの推進は非常に難しいという現実があるのです。

繰り返しますが、これからの日本に「アクティブ・ラーニング」と「非認知能力」を重視した保育が必要であることは、明らかな事実です。

現状の日本には、アクティブ・ラーニングを推進できる保育を提供できる保育士は、ほとんどいません。個々の保育士がその方法を暗中模索している状況です。保育士にとってはいまが踏ん張りどころであって、ここでアクティブ・ラーニングの方法をしっかり学んでおけば、保育士としての市場価値は確実に上がります。実際、私自身も「このような保育のアプローチをぜひ学びたい」と相談を受けることが多く、「子どもが好き」「子どものために最高の保育を与えたい」という、保育士の志の高さを痛感しています。

保育士はただでさえハードワークですが、**子どもに向き合う時間や保育について考える時間をしっかり確保する必要もあります。**無益な書類仕事や必ずしも必要でない業務を積極的に減らす、日々の業務にテクノロジーを導入して効率化するなどして、保育士の負担を減らす取り組みが早急に求められているのです。

1章で、「監査のために大量の書類が必要」という現状をお話ししましたが、こういった慣習的な業務も変えていかなければいけません。「書類仕事をするなら、その時間を子どもと向き合う時間に充てたほうがいい」と考える海外の保育園では、ドキュメンテーションを保育計画のような書類の代わりとします。とはいえ、現代の日本の保育園においてドキュメンテーションを導入しようとすると、ただ「ドキュメンテーションという書類仕事」が増えるだけになるという恐れもあります。しかし、既存の連絡帳の書きかたを変えるなど、できることは確実にあります。その点においても大人の非認知能力が大きく試されるところであり、**「現状の枠組みのなかで、子どもたちの非認知能力を高めるにはどうすればよいか」**、あるいは**「現状の仕組みを打破するにはどうすればよいか」**など、**「自ら解決策を考えて実行する力」が、いまこそ求められている**のです。

親と保育士は、子どもを伸ばすパートナー

子育てにおいて、保育園は子どもが1日の大半を過ごす場所であり、とても重要な役割を担っています。親が子どもの発達や成長を正しく把握するためには、保育園との情報共有がなによりも大切です。

ドキュメンテーションやITツールを使って、簡単に充分な情報を共有できる仕組みを整えれば、効率的に必要な情報を蓄積し、引き出すことができます。手書きの連絡帳はあたたかみがあるかもしれませんが、情報量は限られますし、記入する手間がかかります。**負担を減らすためには、世の中の新しいテクノロジーを、積極的に導入することが必要**です。

同様に、家庭での様子を保育士が知ることも重要です。「帰宅後はお絵描きをしました」と記録するだけでなく、「クレヨンを自ら手に取り、たくさんの線を描きました」「園では線を描いていたと聞いたので、定規を置いておいたら試行錯誤してまっすぐ

な線を引こうと頑張っていました」といったように、**その子の思考プロセスを追った情報が、親からも園側に共有されなければなりません。**すると、保育士は家での子どもの活動の様子を把握し、その子の思考をより正確に理解し、新たなインビテーションのしかけを考案することができます。

このような有益な情報をやりとりするためには、保育士だけではなく親自身の意識を変える必要があります。連絡帳は、忙しい親にとっては面倒な作業であり、どうしても義務的な報告となりやすいものですが、1日1日の子どもの変化を的確に把握できる有用なツールであり、その情報の蓄積は、子どもの非認知能力向上に大きく役立てることができます。

連絡帳の記入方法を意識すると、親自身が子どもの行動をより詳細に観察する必要があります。**子どもを放置するのではなく、見守る存在としての意識を高めることで、子どもの行動変化により敏感になる**でしょう。

親と保育士は、子育てのパートナーです。**その子に関わる大人たちが、非認知能力を伸ばすためにどうすべきかを話し合える信頼関係を築くことが、子どもたちの成長に好影響をもたらす**のです。

「小学生で起業」が当たり前の社会に？

起業は究極のアクティブ・ラーニング

現在の日本では、乳幼児時代にレッジョ・アプローチ方式で育った子どもでも、残念ながら、就学すると一斉教育環境で過ごすことになります。その環境のあまりの変化に戸惑うのではないか、と懸念されるかたもいるかもしれません。

もちろん、そのような子どもたちは、最初は一斉教育的環境に大きく戸惑うことでしょう。しかし、乳幼児期に**「自分で考えて行動できる力」をしっかり身につけていれば、新たな環境に順応できる素地は充分にできている**といえます。

現在のあらゆる日本の学校は一斉教育的環境が基本ですが、そうした環境はこれから確実に廃れてゆくだろうことは、海外の教育環境からも明らかです。社会じたいが「非認知能力」に重きをおくこれからの時代、もしも一斉教育的環境で育っても、社会に出たらその環境で習得した能力は、「お払い箱」扱いされるかもしれません。**目先の環境に適応することを重視するのではなく、長い目で見てどのような能力を育むべきか、そのためにいま、どのように行動すべきかを考えることが重要**です。

私は、子どもたちがミントリーフで学んだことを、卒園後も深めてゆけるような環境として、学童保育の設立を計画しています。地方の「遊休資産」となっている建物を活用して、放課後に子どもを預かるだけではなく、学童保育で過ごす時間で、子どもの探求心をかたちにする「探求プロジェクト」を立ち上げようと考えています。

この学童保育では、最終的には「**起業できる小学生**」の育成を目指します。小学校低学年のうちから、その地域に内在する問題を探し、その問題を解決するための方法を「プロジェクト」として探ります。たとえば、過疎化の激しい地域であれば、どうしたら過疎化が止まるかを考える。「観光の目玉」をつくるのもいいし、「価値のある特産品」をつくるのもいい。それでは、そのためにはどうすればよいか。これを計画するうちに、世の中のビジネスの仕組みを、身をもって学ぶことができます。ときには大人がサポートしつつ、時間をかけて実現可能な方法を模索させるのです。

この計画では、高学年になったら、これまでのプロジェクトの成果をもとに、事業計画書を作成してもらいます。もちろん、具体的な記入方法は大人が教えてあげる必要がありますが、「**どんな問題があって**」「**どんな解決策を考案して**」「**そのためにどのように実現すべきか**」という点を自らしっかり考えていれば、小学生でも事業計画書を作成することは充分に可能です。

その計画書の内容をプレゼンして、投資するに値する内容であれば、私たちの会社が出資することも考えています。そのための部署をつくり、実際に事業を立ち上げて、収益化できるようであればスピンアウトして法人化してもいい。そうしていずれは小学生社長を輩出したいと考えています。小学生社長が会社を軌道に乗せることができたら、ゆくゆく高校生くらいになったときに、会社の経費でシリコンバレーに留学させ、ビジネスのイロハを学んできてもらってもいい。これが私の夢です。

事業をつくるプロセスは、まさにアクティブ・ラーニングです。私は、子どもたちが楽しみながら世の中の仕組みを学べる場所をつくりたいのです。

小さいころから、お金を稼ぐことを学ぶ重要性

アメリカでは、小さい子どもが家の前でレモネードを売るという慣習があります。「レモネード・スタンド」と呼ばれますが、兄弟や友だちどうしで自分の家の前にテーブルを置き、自分たちで作ったレモネードを値付けして、通行人に販売するのです。これは立派なアクティブ・ラーニングです。

これによって、子どもたちは「自分たちで商品をつくって値段を付けて売る」というビジネスの基本を学ぶことができます。価格に対して原価がいくらなのか、いくら利益が出たのか、もっと売るにはどうしたらいいのか……。場所を変えたらいいのか、天気がいい日は商品をたくさん用意したほうがいいのかなど、試行錯誤をして経験値

を積むのです。

アメリカに起業家が多いのは、このような文化的な背景が大きく影響しているのでしょう。**「頭を使ってお金を稼ぐ」というのは、人間が社会に生きるうえで最も必要な教育の一つ**です。しかし日本では、そういった経験を積ませないまま、「社会人」を輩出します。ビジネスに関してなんの経験もなく、ましてや「考える力」も充分に育っていない——そうした人間が社会に出て、はたしてどれほど有用な人材となることができるのでしょうか。

こうした日本的な慣習によって、**日本人には、自分が稼いだお金に関しても無頓着な人が多い**ということがしばしば指摘されます。

たとえば、源泉徴収という仕組みがあります。税務署は、個人に課される所得税を、会社が支払う給与からあらかじめ天引きしています。自動的に所得税が差し引かれることで、天引きされた税金額や内容については無頓着という人も少なくありません。しかし、これを他の国で実行しようとすれば、「給与から勝手に差し引くな！」と非難轟々の事態となることは目に見えています。

実際にアメリカでは、個人が自主的に税金を支払っています。自分がどのくらいの額を国に税金として納めているのかを詳細に把握しており、そのため、税金の使い道を決める政治への関心も、自ずと高くなるのです。これは、日本人には決して見られない特徴です。

サラリーマンにも問われる「起業家マインド」

「小学生の起業家を育成したい」といっても、私は起業することがすべてだとは考えていません。すべての子どもたちに起業家になることを推奨するわけではなく、その子によって将来なにになりたいかというのは、千差万別です。

実際に起業家にはならなくても、「起業家精神」は非常に有用な武器となりえます。

起業家精神とは、だれかに指示されたとおりに動くのではなく、自ら自由に考えて新しいものをつくり出そうとする精神を指します。「こんなビジネスがあったらいいな。どうすればつくれるだろう?」といったように、**既存のビジネスに対して批判的な目で問題点をあぶり出し、具体的な「解決策」を、創造性を持って考えることのできる力を伸ばしたい**のです。

これからの社会では、「指示されたことをして給料をもらう」という思考では、どの企業からも採用されにくくなるでしょう。これからの時代は、サラリーマンであっても「お金を生み出すには?」と積極的に考えられる人でないと、重宝されなくなっていくはずです。

1章で述べたように、複数の会社に在籍してプロジェクトごとに働く「複業」が主流になれば、自分を売り込む力も必要となります。自分になにができるのか、どんな強みがあるのか、収益にこれだけ貢献できるのか……。それを明言できる人に仕事が集まってゆくのです。

サラリーマンでも、どんな業種の人でも、起業家精神がある人が有利になる以上、小学生のうちからビジネスをつくる力、起業に至るプロセスを学ぶ経験は、子どもたちが幸せに生きてゆくために、非常に有意義なものとなるはずです。

育児を楽しむためには？

比べるべきは、「ほかの子」よりも「過去のその子」

本書で紹介した、育児・保育のアプローチ手法を実践すると、子どもの成長をよりつぶさに感じることができます。くわえて、**子どもとともに親も成長できる方法であり、毎日の育児をきっと楽しいものにしてくれる**はずです。

繰り返しますが、育児というのは、「つらい」と感じるのも無理がないほど、非常に大変な仕事です。**育児を楽しむためには、なによりもまず人と比べないことが大切**です。

育児においては、ついつい他人と比べてしまいがちです。「あの子はもう歩けるのに、うちの子は歩けない……」「あの子と同じ月齢なのに、読み書きができない……」「この子のお兄ちゃんは3歳でお箸を使えたのに、この子はぜんぜんできない……」といったように、成長におけるあらゆる過程で、他人と比べて焦ったり落ち込んだりして、結果として子どもに要らぬプレッシャーを与えてしまう人は多いようです。

しかし、子どもの成長スピードは、その子によって大きく異なります。同じ月齢でもその子の特性によって異なりますし、とくに同じ学年というくくりにおいては、4月生まれの子と3月生まれの子とで「できること」に大きな差があります。「あの子はできるのに、なんでできないの?」という思考は、親にも子どもにもストレスをもたらすだけで、まったく好影響はありません。

真に比べるべき対象は、「ほかの子ども」ではなく、「過去のその子」なのです。「昨日はできなかったのに、できるようになった!」——このように比較することが大切です。

子どもができることは、日々確実に増えてゆきます。もちろん、「昨日はできたのに、今日はできない……」といった場面もありますが、**心と体が猛スピードで成長している乳幼児期においては、「できるようになること」のほうが確実に多い**のです。**その子**

の「できるようになったこと」を見つめれば、子どもを貶すことはありません。親として、素直にその子をほめる気持ちが生まれてくるはずです。

小学校では、学期末に通知表が配布されます。クラス内の相対評価になっている場合が多いのですが、私は、通知表も昔の自分と比べた結果で評価してほしいと考えています。「ほかのクラスメートより優れているか・劣っているか」ではなく、「去年の自分と比べてステップアップしているか」に着目した通知表内容であれば、その子の自信に繋げることができます。

「クラスの平均」と「自分の位置」を示す通知表では、「どの科目も平均点以上を取らないといけない」という意識が生まれがちです。得意科目の評価が「5」だったが、苦手科目が「2」だったという場合には、他の人より劣っている「2」の教科を重点的に勉強しなければいけないという意識が生まれます。

しかし、**これからは「なにごとも平均的にできる人」よりも、「なにかの分野に突出した能力がある人」のほうが活躍できる時代**です。つまり、平均以下の「2」の科目よりも、すでに最高評価の「5」の科目を伸ばすことに注力したほうがよい可能性があるのです。

たとえ「2」の評価であっても、過去の自分と比べて成長しているのであれば、なんの問題もありません。苦手なものを躍起になって伸ばすより、得意なことを伸ばす努力をしたほうが、無理なく取り組むことができるのではないでしょうか。

ほかの人がどんな評価を受けているかを気にしても、なんの意味もありません。それよりも、「過去の自分」より成長しているか。そう考えるほうが、はるかに建設的なのです。

「子どものわかる言葉」を意識しよう

「育児がつらい」と考える一因として、「子どもが言うことを聞いてくれない」という理由も大きいように思います。

ここまで、「大人の言うことをただ聞かせるということは、子どもの考える機会を奪う」という話をしてきました。親が嫌がることを、子どもがしてしまう。そんなときに強制的に言うことを聞かせるのは、もちろんよくないことですが、とはいえ、なかには悠長に考える機会を与えられないような、切羽詰まった事情のときもあるでしょう。

なぜ、子どもが言うことをわかってくれないのか。それはその子が、**親の言葉を理解できていないのかもしれません。**

多くの人が気づかずにやってしまうのは、「**子どもにわかりにくい表現を使ってし**

まうこと」です。ふだんの生活ではあまり意識していないかもしれませんが、**大人の会話は、子どもにとってはわかりにくい場合が多い**のです。子どもがわからないであろう難しい単語は避けていても、文章レベルで子どもにとってわかりやすいかまでは考えられていない場合もあります。

たとえば、大人は次のような発言をしがちです。

「早くして」
「ちょっと待ってて」
「こっちは危ないから、あっちにいて」

大人どうしなら、お互いになんのことについて話しているのかがわかっているので、このような曖昧な表現でも意図は難なく通じます。しかし**子どもは、語彙が圧倒的に少ないうえに、曖昧な表現から文脈を読み取ることができない**のです。

「早くして」や「ちょっと待ってて」という例でいえば、子どもは「早く」や「ちょっと」という時間が具体的にどのくらいなのか、理解することができません。よくあるのが、「ちょっと待ってて」といって数秒後に「まだ?」と尋ねてくるケースです。たとえ「ちょっと待ってて」を「5分くらい待ってて」と言い換えても、時間の概念がない子どもにはわかりません。同様に、「こっち」や「あっち」という代名詞も、どこを指しているかが理解できないのです。

言い直すのであれば、「時計の長い針が1から2になるまでにおもちゃを片づけてね」「テレビのこのお歌が終わるまで待っててね」など、子どもにもわかりやすい言葉で話してあげるのがよいのです。

日本語は主語を省略できる言語ということも、文章を理解しづらくしている要因となっています。「早くして」という文章には、主語も目的語もありませんから、「だれがなにを早くするの？」というように、子どもは困惑してしまうのです。

子どもが理解できる言葉で伝えることで、子どもはこちらの意図を理解してくれるものです。とくに、まだうまく言葉を話せないような年齢の子どもであれば、親は「説明してもわからないだろう」と勝手に思い込んでしまい、子どもにていねいに話しかけることを放棄してしまうかもしれません。しかし、子どもへの言葉遣いを意識的に改めてみると、意外にも理解してくれるかもしれないのです。

大人は、「あなたはまだ子どもなのだから、これはできないでしょ」と、その子を子ども扱いする一方で、「1回言ったんだから、わかってよ」と、大人と同等のことを期待してしまうことがありますが、これでは大人の都合を押しつけるだけです。**子どもの能力を見くびらず、しかし言葉は子どもに合わせてあげる。**それを意識するだけで、子どもの行動は大きく変わるはずです。

好んで親を困らせたいという子どもはいません。親の言葉の意図がわからないから、協力できないだけかもしれない。子どもとの意思疎通がうまくいけば、育児のストレスは必ず軽減されます。

子育ての「正解」を探してはいけない

子育てに正解はないと理解していても、「正解らしきもの」を探そうとして苦しんでいる人は、とても多いように感じます。

子育ては、美術作品と似たところがあります。ピカソのような著名画家の絵でも、「よい」と言う人もいれば、「よくない」と言う人もいる。同じ作品を見ても、それに対する感じ方は人それぞれです。育児のアプローチについても、同じことがいえます。「スパルタ教育がいい」という家庭もあれば、「レッジョ・アプローチがいい」という家庭もある。どの教育法が最も優れているとは、一概には言えません。頭ではそのことを理解していても、実際には子どもになんらかの「枠」や「理想」を押しつけてしまう親は、意外と多いのです。

とくに日本には、高校を出て、大学に行って、その後大手企業に就職するという慣習的な「安定人生」というレールが存在します。そのレールの上をソツなく歩ませてあげることが育児の正解かのように考え、そのために偏差値の高い学校に通わせること、そのために早くから学力を向上させることを「正解」として、子どもに強いる傾向があります。

かくいう私も、かつてはそのような常識に縛られていました。しかし、アメリカの大学で、起業している学生や70歳くらいのシニア大学生など、さまざまな属性の人と話すうちに、そのような日本的な常識は崩れてゆきました。年齢に縛られる必要はないし、決められたレールに乗って人生を送る必要がないことに気づいたのです。

現代は、書籍やインターネットで、育児に関するさまざまな情報を入手できる時代です。しかし、情報があまりに多すぎるがゆえに、親として「なにが正しいのか」「どれに従えばいいのか」と悩んでしまうことも多いでしょう。それは万人共通の答えを探しているからこそ、悩んでしまうのかもしれません。

しかし、**あらゆる情報が氾濫する現代において大切なことは、「この人はこんな経験をして、こう考えたのか」という「一つの意見」として受け止めること。それを鵜呑みにせずあくまで「参考」にして、自分にとって最適な方法を、自分の力で考えること**なのです。

隣の芝生は、たしかに青く見えるものです。しかし、家庭内のことはその家族にしかわかりません。ほかの人と比べようがなく、ほかの人にとっての正解が、自分たち家族にとって正解かなんてことは、決してわからないのです。**他人の「正解」を探すよりも、親として、自らの「考える力」を伸ばすことを大切にしてほしい**と思います。

専門家を頼ってみよう

専門家に頼るということも、育児を楽しくするために必要です。

1章でお話ししたように、私たちは親になったとたん、あらゆる分野の知識が必要になりますが、それらを短期間で完璧に習得できる人はいません。インターネット上で情報を探すこともできますが、膨大な情報のなかで、なにが信頼に足る情報なのかを判断しかねて迷ったり、ほかの人がうまくいったという方法を試したのに自分の子には効果がなかったりということが続くと、だんだんと疲弊してゆきます。

一つの解決策として、私は専門家の手を積極的に借りることを勧めています。「かかりつけ医」のように、**普段から困ったときに相談できる、各分野の専門家のネットワークをつくっておく**のです。

医療面でいえば、だれしも子どもや家族の「かかりつけ医」がいるでしょう。それと同様に、離乳食などの栄養面のことを相談できる栄養士や、コミュニケーションのことを相談できるカウンセラー、教育資金について相談できるファイナンシャル・プランナー……といったように、自分だけの専門家ネットワークをつくり、「相談でき

図6　疲弊する母親を救うためには?

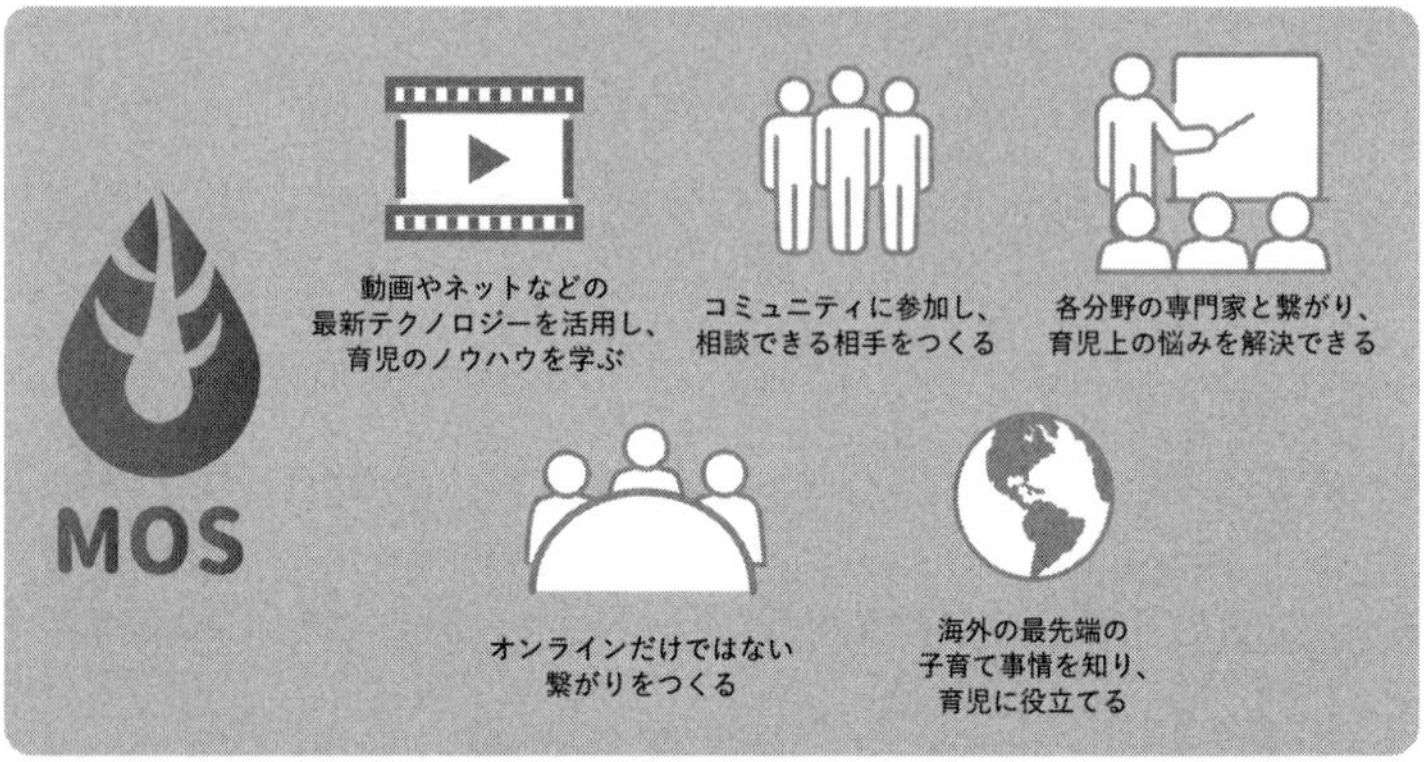
MOS
動画やネットなどの
最新テクノロジーを活用し、
育児のノウハウを学ぶ
コミュニティに参加し、
相談できる相手をつくる
各分野の専門家と繋がり、
育児上の悩みを解決できる
オンラインだけではない
繋がりをつくる
海外の最先端の
子育て事情を知り、
育児に役立てる

「育児がつらい」と考える母親が悩みを解決し、ストレスを軽減するための仕組みと環境を構築すべく、上記のようなサービスを提供するアプリ「MOS(ミントリーフ・オンライン・スクール)」を開発。他人と子育ての楽しみや悩みを共有できるオープンな場を目指している

る頼れる存在」がいれば、非常に心強いものです。

とはいえ、各分野の専門家との繋がりを持つといっても、それをゼロから構築するのはなかなか骨が折れることです。そのような人のために、私たちはアプリを開発して、だれしもがさまざまな専門家に相談できる環境を構築するサービスを提供しています(図6)。

このアプリの開発背景としては、保育園10園を運営するなかで届いた保護者からの質問や悩みから、母親がひとりで悩みを抱え込まないようにしてほしい、自身の自己肯定感を養い、「子育ては楽しい!」という気持ちを取り戻せるようになってほしいという気持ちが出発点です。子育てが楽しくなれば、子どもとの関係も良好になり、それが夫婦関係にもよい影響をもたらす……といったように、「プラスの連鎖」が広がっていくと考えたのです。

たとえば、悩みのテーマごとにコミュニティをつくり、そのコミュニティの掲示板上でユーザーどうしが交流したり、専門家が参加してユーザーの相談を受けたり、ユーザーからの質問に答えることができます。「子どもに思わず手をあげてしまう」というコミュニティには、同じ悩みを持った親が参加して、互いの状況や悩みを話し合います。そこから解決策が生まれることもありますが、心理カウンセラーの先生が心理学的知見からアドバイスすることもあり、一般人の経験則とは違った視点での解決策を提示することができます。相談者が「この先生に本格的に相談したい」と思えば、専門家との個別相談に進むことも可能です。

子育ての悩みのほとんどは、自分と近い人にはなかなか相談しづらいものです。しかし、日常生活では接点を持たずとも、同じ悩みを抱える親と出会い、共通の悩みや苦しみを話し合うことで、これまでだれにも言えなかった本音を話せるかもしれません。また、その悩みに関する分野の専門家が介入できる環境であれば、より実践的かつ専門的な意見やアドバイスなどをもらうことができます。

このサービスには、多種多様な専門家が在籍しています。先に述べた栄養士やファイナンシャル・プランナーのほか、子どもに英語を学ばせる方法を教えてくれる小児英語教育の専門家もいれば、子どもの写真をより生き生きと撮影するためにプロのカメラマンもいます。変わり種では、子どもと楽しくＤＩＹ活動を行なうために、プロの大工さんもいます。

当たり前ですが、だれしもが親になるというのは初めての経験である以上、初めての経験ばかりが日々襲いかかってきます。うまくいくこともあれば戸惑うこともあり、なにをやってもうまくいかずに孤独感に苛《さいな》まれたり、プレッシャーに押しつぶされそうになったりすることもあるでしょう。しかし、悩んでいる親がいつでも頼れるコミュニティや専門家が近くにいれば、「独りじゃない」と思える。ひとりぼっちで子どもを育てるのではなく、**他人と子育ての楽しみや悩みを共有できるオープンな子育て環境をつくることが、「育児がつらい」という状態から脱却するための、大きな第一歩となる**ように思うのです。

おわりに

レッジョ・エミリア・アプローチは、10年ほど前から日本の幼児教育業界で注目されるようになりました。しかし、一般のかたがたにはまだまだ浸透していないのが現実です。

私は、アメリカの保育園に子どもを通わせていたときに、その保育園の先生がたの子どもに対する接しかたに感動し、のちにそれが、レッジョ・エミリア・アプローチに影響を受けた保育園だと知りました。

子どもを中心に保育環境を整え、アート活動を中心とした「遊び」のなかで、子どもの非認知能力を伸ばしていく——その手法こそが、これからの日本の子どもたちにぜひ受けてもらいたい教育だと考え、それまでまったく縁のなかった保育業界に飛び込み、長野県長野市にミントリーフ・インターナショナル・プリスクールを設立したのです。

世の中には、レッジョ・エミリア・アプローチのほかにも、モンテッソーリ教育やシュタイナー教育など、有名な教育手法がたくさん存在します。現に日本でも、独自の教育手法がさまざま存在します。

私はレッジョ・エミリア・アプローチに最も心を惹かれましたが、なにも当アプローチや私たちのミントリーフ・メソッドが、ほかのどんな教育手法よりも優れているというつもりはまったくありません。どの手法も「正解」であり、人によってはどれも正しくないかもしれません。

本書においてもたびたびお話ししてきたように、自分の子どもにどんな方法が合っているのかは、その人にしかわからないのです。だからこそ、**子どもをよく観察し、自らベストな方法を考え、試行錯誤することが、その子の能力を無限に伸ばすことができる、たったひとつの方法**なのです。

子育ては非常に素晴らしい仕事である一方、大きな苦労を伴います。しかし、子どもに関わる親や保育士など、周囲の大人をも必ず成長させてくれる、実の大きい仕事です。**子どもの創造性や日々成長する姿に触れて、真剣に子どもに向き合い、自ら考えて模索するなかで、大人も一緒に「考える力」を伸ばしてゆく**。それが子育ての真髄であり、**「教え育てる」ものではなく「共に育つ」もの**なのです。

そのような育児の素晴らしさ、同時に大変さに気づいてから、親や保育士をはじめ、子どもに関わるすべての人たちが、その大変さゆえに育児に対してマイナスの感情を持ってしまうことを解消したいと、痛切に考えてきました。その現状を打破するヒントとなりうる方法を、本書でお伝えしてきたつもりです。

育児において最も大切なことは、子どもに関わる親自身が幸せであることです。

子どもは、親にはいつも笑っていてほしいものです。どんなによい教育メソッドがあったとしても、親であるあなたが無理をして、幸せを感じられず、笑顔が減ってしまうようでは、子どもが幸せを感じることはできません。

同様に、親が仕事に出ているとき、子どもが1日の大半を過ごすのが保育園です。そのときに接している保育士さんが疲れていたり、幸せそうでなかったりしたら、やはり子どももその影響を受けるのです。だからこそ、日々大変な仕事を行なう保育士のかたがたが少しでも負担なく働けるような保育環境を実現すべく、その解決策をいち経営者として真摯に模索しています。

子どもは、大人のまねをして成長します。すなわち**子どもは、子育てに関わる周囲の大人の姿を映し出す鏡的な存在**ともいえます。

子どもの「考える力」を伸ばしたいなら、まず大人自身が考える力をつけること。
子どもに幸せに生きてほしいなら、大人自身も幸せに生きること。

親も保育士も、子どもに関わるすべての人たちが、無理なく、楽しく子どもと向き合ってほしい。そして、子どもの秘められた可能性を無限に伸ばしてあげてほしい。本書がそれを実現する一つのヒントとなれば、著者として望外の喜びです。

2021年9月　森田昭仁

「自分で考える力」を無理なく育む
子どもと大人の「共育」論

読者特典

「いまの育てかたでいいのかな？」
「自分は間違っているのではないか？」
「怒りたくないのに、また子どもに対して怒ってしまった……」
「育児がつらい……」

子どもとの関わりかたに悩む、
すべてのかたへ。

私たち大人は、「子ども」という存在に対する捉えかたをも
変える必要があります。
当たり前のことですが、子どもは個々の人格を持つひとりの人間です。
頭ではそうわかっていても、実際には
親の所有物や付属物として捉えてしまう人も多いように思います。

（本文より抜粋）

本書で語られる
「育児・保育のポイント」を
もっと深掘り！

本書の読者限定で、著者である森田昭仁氏による
トーク ショー動画をご覧いただけます。

https://www.youtube.com/watch?v=a1wgByQGTjs

※読者特典は予告なく終了することがございます。

【著者略歴】

森田昭仁（もりた・あきひと）

（株）ZEN、（株）グランドクロス代表取締役。1976年、東京都に生まれる。1998年、伝手もコネもないなか単身渡米。英語をまったく話せない状態だったため、1年間語学学校で英語を学んだのち、コミュニティカレッジにてビジネスを専攻。2001年に卒業後、帰国しサラリーマンとして勤務するが、その傍ら2007年に輸入販売会社を設立、3年で年商5億円を超える。2010年に訪問看護ステーション運営会社を立ち上げ、都内最大級にまで拡大する。その後2012年に再度渡米し、米国法人を設立する。滞在中に第一子をアメリカのプリスクールに通わせた経験から、日本とアメリカの幼児教育の違いに衝撃を受ける。2016年日本に帰国決定し長野県に移住、ゲストハウス「ZEN Hostel」をオープンさせ、2017年に「ミントリーフ・インターナショナル・プリスクール」を開園する。2021年現在、東京都、神奈川県、茨城県、長野県に計11の保育園を運営。座右の銘は「Make a Choice to take a Chance or your life will never Change」（チャンスを掴むために選択しなければ人生は絶対に変わらない）。

「自分《じぶん》で考《かんが》える力《ちから》」を無理《むり》なく育《はぐく》む 子《こ》どもと大人《おとな》の「共育《きょういく》」論《ろん》

2021年 9月21日　初版発行

発 行　**株式会社クロスメディア・パブリッシング**

発行者　小早川幸一郎

〒151-0051　東京都渋谷区千駄ヶ谷4-20-3 東栄神宮外苑ビル

https://www.cm-publishing.co.jp

■本の内容に関するお問い合わせ先 …………………… TEL (03)5413-3140 ／ FAX (03)5413-3141

発 売　**株式会社インプレス**

〒101-0051　東京都千代田区神田神保町一丁目105番地

■乱丁本・落丁本などのお問い合わせ先 ……………… TEL (03)6837-5016 ／ FAX (03)6837-5023

service@impress.co.jp

（受付時間　10:00～12:00、13:00～17:00　土日・祝日を除く）

※古書店で購入されたものについてはお取り替えできません

■書店／販売店のご注文窓口

株式会社インプレス　受注センター …………………… TEL (048)449-8040 ／ FAX (048)449-8041

株式会社インプレス　出版営業部 …………………………………………… TEL (03)6837-4635

ブックデザイン　吉村朋子

編集協力　ブランクエスト

印刷・製本　株式会社シナノ

DTP　荒好見

ISBN 978-4-295-40591-7 C2037